武汉商学院通识教育文库

中小企业有效经营创新研究

年　旻　著

中国纺织出版社有限公司

内 容 提 要

在后疫情时代，中小企业面临着许多挑战，同时也面临着机遇。只有勇于创新、不断提高自身管理水平，中小企业才能抓住市场发展的机遇，在激烈的市场竞争中立于不败之地。本书通过三章的内容，第一章为后疫情时代中小企业经营概述，第二章为中小企业经营创新内容，第三章列举了在企业创新中成功和失败的案例。阅读本书，能帮助读者更好地了解后疫情时代企业发展的现状与发展方向，帮助中小企业早日实现生产经营的创新，提高自身市场竞争力，在数字化的新业态中获得新的发展。

图书在版编目（CIP）数据

中小企业有效经营创新研究 / 年旻著. -- 北京：中国纺织出版社有限公司，2022.10
ISBN 978-7-5180-9966-5

Ⅰ.①中… Ⅱ.①年… Ⅲ.①中小企业—企业经营管理—研究 Ⅳ.①F276.3

中国版本图书馆CIP数据核字(2022)第202303号

责任编辑：郝珊珊　　责任校对：高　涵　　责任印制：储志伟

中国纺织出版社有限公司出版发行
地址：北京市朝阳区百子湾东里A407号楼　邮政编码：100124
销售电话：010—67004422　传真：010—87155801
http://www.c-textilep.com
中国纺织出版社天猫旗舰店
官方微博 http://weibo.com/2119887771
天津千鹤文化传播有限公司印刷　各地新华书店经销
2022年10月第1版第1次印刷
开本：710×1000　1/16　印张：5
字数：120千字　定价：49.00元

凡购本书，如有缺页、倒页、脱页，由本社图书营销中心调换

前言

PREFACE

目前，新冠肺炎疫情防控工作已经从应急状态转为常态化。后疫情时代，中小企业只有通过激活技术、创新商业模式才可以建立或保持市场竞争优势，寻找并抓住市场发展的机遇，进行正确的决策，不断推动中小企业效益经营创新。

中小企业作为创新的主体，有着丰富的、全方位的创新内涵。本书共分为三章内容，第一章整体介绍后疫情时代中小企业经营状况，包括企业经营的本质与发展战略；第二章从观念、制度、市场、营销、产品、技术六个方面介绍了中小企业经营创新的内容；第三章列举了中小企业经营创新的案例。中小企业只有全方位创新、系统化创新，提高企业的竞争力与盈利能力，才能在激烈的市场竞争中立于不败之地。

本书对中小企业有效经营创新进行了分析与研究，在撰写过程中，参阅和借鉴了国内外诸多学者和专家的研究，同时查阅和引用了网络、期刊、书籍等相关资料，在此对本书所引用资料的作者表示衷心感谢。由于作者水平有限，书中难免有不足与疏漏之处，敬请广大读者批评指正。

作　者
2022 年 4 月

目录
CONTENTS

第一章　后疫情时代中小企业经营概述

第一节　后疫情时代中小企业经营的本质

一、中小企业的概念界定

随着中小企业数量与日俱增，其在国民经济的发展中发挥的作用越来越重要，“中小企业”这一名词在现代经济生活中早已耳熟能详，但是人们对于什么样的企业才能算作“中小企业”这一问题仍有较大的争议。按照新《中小企业促进法》中对中小企业的界定，中小企业是指“在中华人民共和国境内依法设立的，人员规模、经营规模相对较小的企业，包括中型企业、小型企业和微型企业”。从这一界定不难发现，“中小企业”属于一个相对概念，不是绝对概念。从这一角度出发，对“中小企业”在理论上的界定得到比较广泛共识的一种观点是，中小企业（small and medium enterprises，SMEs）一般是指规模较小或处于创业阶段或成长阶段的企业，包括规模在规定标准以下的法人企业和自然人企业。

二、我国现行的中小企业界定标准

现行的 2011 年大中小微企业划分标准的重要突破和亮点之一是新增了“微型企业”的标准，将原来 2003 年标准中划分的大、中、小三种类型细化为大、中、小、微型。从 2011 年标准可见，所谓“微型企业”主要以个体企业为主，所以新标准对“微型企业”这一类型的补充，能够更加全面涵盖目前存在的各种企业类别。

2011 年标准的另一个重要更新涉及行业划分，新标准将仓储业、信息传输业、软件和信息技术服务业、房地产经营业、物业管理五个行业单独列出，并对行业做了进一步细分，共分为 16 个大类行业，还增加了“其他未列明行业（包括科学研究和技术服务业，水利、环境和公共设施管理业，居民服务、修理和其他服务业，社会工作，文化、体育和娱乐业）”，并给出相应的划分标准。这一细化和更新更加突出行业差异，使企业划分标准具有更强的针对性、科学性和适用性。

三、我国中小企业的经营本质

中小企业是我国改革开放四十多年的重要参与者、见证者、记录者和受益者，见证了中国经济的崛起和繁荣，其成长和发展的轨迹也留下了浓厚的时代烙印。我国中小企业在长期的发展中形成了以下五项基本特征。

（一）数量众多，地区分布不均衡

作为市场经济的参与主体，中小企业的社会经济基础较强，在数量上有绝对的优势。近年来，我国加大了对小微企业的支持力度，在金融、财税等政策的帮扶下，“十三五”期间，我国新办小微企业占比超九成，数量近 5200 万户。中小企业已成为推动我国经济发展、扩大就业、改善人民生活水平和优化经济结构的重要力量。

我国中小企业在各个地区的分布极不平衡，从企业数量、从业人员数量、企业利润和资产规模等方面来看，东部地区的中小企业比中西部和东北地区的中小企业发展更好。从中小企业的数量上来看，东部 11 省市的中小企业占全国中小企业总数的 60%，而中部 8 省和西部 12 省区市的中小企业占比各有 20%左右。从产业集群化水平来看中小企业也存在着地区分布不均的情况。在市场经济发达、市场机制健全的东部沿海地区，中小企业更容易出现产业集群，例如，浙江省、福建省、广东省等地的义乌小商品产业集群、晋江体育用品产业集群和东莞小家电产业集群等。西部地区经济发展相对缓慢，中小企业难以集中发展、形成规模，大多是孤军奋战的状态。

（二）非国有企业为主体，投资主体和所有制结构多元化

我国的中小企业大多是民营经济形式，改革开放之后，我国经济发展较快，带动了许多中小企业的发展，其中大多是私营企业的所有制形式。随后产权制度的发展推动着企业不断发展和改革，一部分国有制中小企业转制为民营企业，我国中小企业逐渐形成了多种所有制结构与多种经营方式共同发展的状态。中小企业具有经营方式灵活的特点，这大大提高了中小企业对于市场的适应能力，目前我国中小企业以非国有企业为主体，投资主体和所有制结构多元化格局已基本形成。

（三）企业寿命短，新旧更新速度快

与大型企业相比，中小企业因其先天不足，“短命”现象比较突出：中小企业资金筹

集渠道狭窄，使得中小企业资金不足，缺乏发展动力；中小企业规模较小、产品质量参差不齐、科技技术水平较低，导致其市场竞争力相对较差，不容易占据市场份额；中小企业对于市场信息的收集能力以及后期的信息处理能力弱，未能及时察觉市场经济的变化、经济形势与行业内趋势的变化，预测、防范风险能力弱等原因导致企业寿命周期较短，许多中小企业倒闭，也会有许多中小企业创立，中小企业新旧更新速度较快。随着中小企业的市场化程度不断提高，中小企业的生命力和进取精神也在不断提升，一些生存能力强，具备可持续发展优势的“长寿型”中小企业已初具规模。

（四）产业结构两极分化，劳动密集型行业为主体

中小企业的经营范围非常广，几乎涵盖了所有行业与领域。并且中小企业敢于创新，积极探索与开展各种新型经营模式与市场领域，目前除了航天、金融、保险等技术和资金密集度较高及国家专控的特殊行业以外，中小企业在第二产业与第三产业几乎涉及所有行业。另外，受制于自身的实力相对较弱和发展条件不足等因素制约，在人口众多、经济落后、技术装备差等背景下发展起来的我国中小企业主要集中在劳动密集型产业和一些技术含量低的传统产业，例如，以农副产品深加工为主的食品制造业，以农产品为原料的纺织业，以化肥、农药和日用化工品制造为主的化学原料及化学制品制造业，以生产小五金为主的机械制造业，以及劳动力密集的土木工程建筑业、日用品批发业、零售业和酒店服务业等。产业结构的两极分化，使得我国中小企业的行业分布呈现出“锄头与卫星起飞，高端与低端并存”的特色。

（五）创业创新活力不断增强，中小企业已成为“双创”的生力军

受益于大众创业、万众创新环境下国家出台的一系列促进、扶持中小企业创业和发展的综合性政策和专项政策，中小企业的创业环境不断改善，创业的活力和创新的活跃度不断增强，中小企业创业者和经营者的信心不断提升，中小企业的盈利能力和发展后劲有所提高。工商统计数据显示，2021 年我国新设市场主体 2887.2 万户，同比增长 15.4%。其中，企业 904.0 万户，同比增长 12.5%；个体工商户 1970.1 万户，同比增长 17.2%。党的十八大以来，我国市场主体总量已经比 2012 年底的 5494.9 万户增长了 1.8 倍，年均增长达到 12.1%。2021 年，我国专精特新“小巨人”企业占中小企业比例仅为 0.1%，但其营收增速、利润率和发明专利成果占有量都分别达到了规上工业中小企业的 2.2 倍、1.4 倍和 3.4 倍，为我国推进产业升级、产业链转型、增加制造业竞争优势、激发市场活力，稳定增长就业提供了坚实的支撑。按照工信部的工作部署，2022 年，我国将进一步壮大“专精特新”中小企业群体规模，预计培育国家级专精特新

"小巨人"企业3000余家，带动省级"专精特新"中小企业超过5万家。我国在传统的制造业、集成电路和新兴的互联网、生物医药、智能硬件和节能环保等行业不断涌现出更多以"专、精、特、新"为特色的中小企业，并逐步形成集群效应，在改革发展全局中不断释放出更大的能量，为经济转型升级提供了新动能，推动了"大众创业、万众创新"新格局的形成。

四、我国中小企业发挥的作用

中小企业在现代社会中的作用是广泛而深远的，在整个国民经济发展中发挥的影响也是深远的，随着中小企业的快速发展，其在资本、人才、市场、技术和管理上打下了良好的基础，已成为促进中国经济可持续增长不可或缺的重要力量。中小企业对国民经济和社会发展的影响主要表现在以下五个方面。

（一）中小企业是社会稳定的基石

首先，中小企业是提供就业的重要渠道。在我国，中小企业主要涉及劳动密集型产业，现有劳动力以及新增加的劳动力单位内高于大型企业，比其他产业领域也要高。目前，我国中小企业贡献了80%的就业率，贡献了85%的新增就业机会。中小企业已经发展成为我国国民经济与就业市场不可或缺的一部分。中小企业创造了60%的GDP，提供了50%的税收，外贸出口额占68%，提供了75%以上的城镇就业岗位，为各级地方财政提供了80%左右的收入来源。中小企业有力推动了我国市场经济的发展，缩小了城乡差距与地区发展差距，贡献了社会就业，不但解决了大部分城市下岗职工就业问题，还解决了农村剩余劳动力问题，切实解决了当地劳动力转移和过度拥挤问题，解决了劳动力供给与需求之间的矛盾，保障了社会稳定和经济发展。

（二）中小企业是创新的主导力量

在市场竞争，中小企业在生存和发展的过程中体现出了较大的创新潜力。尤其是近年来，中小企业的企业创新不仅仅是企业创新和技术创新，也属于社会的创新。在制度创新方面，我国中小企业建立了有别于股份制以及合伙制的股份合作制，取得了较好的经济效益和社会效益，并且在全社会推广了这种全新的制度。中小企业可以建立一个具有灵活性和适应性的组织结构，这为技术创新和技术转移提供了有利条件。技术创新方面，70%以上的中国专利和82%以上的新产品开发由中小企业完成。由此可见，中小企业在推动创新、加快市场化进程以及促进经济发展的过程中均发挥着重要的作用。

（三）中小企业是经济改革的试验田

在市场经济导向的经济体制改革中，中小企业改革的意义重大。中小企业改革不仅为国有企业改革提供经营与改革成果，在改革过程中还承担了确保国民经济快速增长与接纳国有制改革企业成员等改革成本。中小企业是改革的“先驱者”与“实验者”，优先改革中小企业，可以为后续改革以及其他领域改革提供有力借鉴。我国在计划经济向市场经济转型发展的过程中，开展的诸如承包、租赁、兼并、破产等各项企业改革和体制创新，大部分是在中小企业中试点运行，然后再逐步向国有大型企业推广。

（四）中小企业是促进经济结构优化的重要杠杆

中小企业作为我国市场经济中最活跃的企业类型之一，在提升产业技术水平、加快传统技术发展、促进经济结构改善等方面发挥了重要作用。经过多年的发展，我国中小企业创新方式已向基础设施、工业电力、服务业、高科技、智能化等领域扩展，逐步进行了产业升级和工业生产结构转型。一些中小企业在“专、精、新”方面取得了跨越式的进步，中小企业产业群发展迅猛。中小企业在发展过程中，密切关注市场和客户需求，积极追求创新，展现出了强大的创新、创造潜力。

（五）中小企业是扩大出口的生力军

中小企业因其灵活的管理系统、低组织成本、高效的产品进口与出口优势，对当今不断变化的全球市场表现出强大的适应能力，从而成为全球贸易的积极推动者。加入世贸组织给我国中小企业带来了诸多机遇和挑战，由于国内市场竞争激烈，我国很多中小企业纷纷转向海外市场，并正在慢慢进入更广阔的国际市场。

第二节　后疫情时代中小企业的发展战略

一、在困难面前，信心比黄金更重要

从全球来看，新冠肺炎疫情还在蔓延，全球经济下行压力仍较大。国际货币基金

组织(IMF)2021 年 04 月 08 日发布的《世界经济展望》报告预计 2022 年全球经济增速将放缓至 4.4%。与 2020 年 10 月《世界经济展望》的预测值相比，报告上调了对 2021 和 2022 年的增长预测值。

报告表示，虽然中国经济已在 2020 年恢复到疫情之前的水平，但预计许多其他国家将到 2023 年才能回到疫情前水平，这显示了我国经济强大的韧性和抗风险能力。

这主要得益于以下两点：一是党和政府正确的领导与正确的方针，包括“六稳”“六保”等保市场主体和稳经济基本面的政策；二是中小企业和中小企业家艰苦奋斗，大家一起迎难而上，才取得了今天这样的成绩。

这些年，我国中小企业应对了不少的困难，像 1997 年亚洲金融风暴、2003 年“非典”、2008 年全球金融危机和汶川大地震，以及这两年的中美贸易摩擦等。尽管这样，我们的中小企业都经受住了这些磨难和考验，经济不但没有崩溃，反而越来越坚挺。这一次我们遇到了比以前更大的困难，“温故而知新”，我们同样也能够渡过这一难关。

信心比黄金更重要。以下有三条困难观：一是困难是客观的，你困难，他困难，大家都困难，怨天尤人没用，困难时刻只有挨过去；二是最困难的时刻往往是黎明前的黑暗，感觉真的熬不住了，其实困难也就快过去了，也就是古人们讲的否极泰来，千万不能放弃；三是所有的困难都要靠人克服，有人说黎明前的黑暗马上就过去了，我们就等着吧！但光等着不行，必须去主动克服困难，争取早点走出困境。也就是要在危机中看到机遇，要增强信心。

我们做事业常说需要智商、情商。什么叫智商？智商就是辩证分析问题的能力，就像魔方不能只看到一面，应该看到六面。什么叫情商？情商就是理解别人的能力，如果只能理解自己，不能被称为有情商，只有理解他人，比如桌子上坐着 10 个人，你能知道其他 9 个人都在想什么，这才叫高情商。但是只有智商和情商还不够，还需要逆商。什么是逆商？就是遇到危机时应对困难、超越困难的能力，这往往最重要。在遇到困难以后，自己能不能百折不挠，能不能一步跨越过去？这有待中小企业家们认真思考。

二、锤炼四种能力，转危为机

新冠肺炎疫情中，对于中小企业尤其是外贸中小企业影响较大。外贸中小企业基本上打了疫情的全场战，上半场，我们的工厂不能生产产品，后来我们恢复生产了，但是国外疫情仍在蔓延，东西运不出去。欧洲、美国等地开始复工复产后，情况逐渐好转了一些。但是，应该看到中小企业的底子都不厚，规模都不大，它们受到的冲击是最大的，而中小企业在市场主体中的占比也是最大的。

中小企业要稳住阵脚，树立信心，沉着应战，锤炼四种能力。

(一)应变力

比亚迪在疫情发生之后立马就跨界做口罩，富士康也开始做口罩，起初大家听了都觉得一愣，但是它们做得很好，也都赚了很多钱。现在欧美还是需要大量口罩，市场仍然很大。所以，中小企业在危机面前要积极应变，而非束手待毙，这对中小企业来讲非常重要。

(二)抗压力

我们都知道压力测试的概念，当压力真的来了，是否能保持坚定的信心和顽强的毅力就是中小企业抗压力是否足够的表现。

(三)复原力

有些人得了一场大病，过了几个月就恢复健康了，但是有一些人，平时看着健康，但在体检时发现了一些问题，过几天就卧床不起，难以恢复，这就反映了一个人的复原力。中小企业也是这样，有的中小企业遇到困难，能够很快克服困难、渡过难关，之后就迎来了转机；有的中小企业遇到困难就倒下起不来了，这就是复原力差的表现。中小企业要增强自身复原力。

(四)免疫力

人的免疫力主要依靠日常身体锻炼。“平时多流汗，战时少流血”，中小企业提高免疫力的关键在于平时做好精细管理，打牢基本功。

2020年上半年，宁波的外资投资额较2019年同期有所增加，外贸交易量较2019年同期也有所增加，且这两个数字都远远高过全国的平均值。过去，宁波对美贸易占宁波进出口贸易额的24%，这个数值因中美贸易摩擦降到了21%，疫情后又回到了24%，主要是因为出口美国的医疗防护用品增加了。

宁波取得成功离不开以下几点。一是宁波的政商关系极好，中小企业家向市委书记汇报问题时，市委书记马上就能和相应的主管部门负责人强调要认真倾听并立即解决。政商关系不只是要和和气气，关键是要为中小企业解决实际的问题。二是宁波的民营中小企业和中小企业家的坚持精神在整个抗疫过程中起到了很大的作用。有一家中小企业比竞争者早行动了5天，于是得到了绝大多数市场订单。确实是这样，如果产业链上需要这个产品，你能生产供应，而其他人不能生产供应，那客户就会都跑到你这里。2020年2月，宁波边抗疫边复工复产。当时，其实企业也面临着两难的境况。

三、在危机中育新机、于变局中开新局

首先，中小企业在疫情下，要稳健经营，强化管理，做到四个紧盯。一要紧盯疫情。疫情随时可能卷土重来，中小企业要有危机意识。对中小企业来讲，只有盯住疫情，才能安全生产。二要紧盯市场。经营中小企业，没有订单一切都无从谈起，所以就要紧盯订单、紧盯市场，根据市场需要妥善安排好各项生产经营工作。三要紧盯产业链上下游。尤其是现在更要照顾中小企业，央企、国企要照顾民企，上市公司要照顾非上市公司。产业链上大家都是命运共同体，要共渡难关。四要紧盯资金链。中小企业资金一旦出问题，企业分分钟就会倒下，要通过各种方式确保资金链的安全。

其次，中小企业要在稳定市场与发展业务的同时，保证企业现金流与员工就业，中小企业万一活不下去了，要多重组、少破产。每次影响较大的经济危机发生时都有大规模中小企业重组，大家一起抱团取暖。中小企业经营不仅要出奇制胜，还要能守正创新，守住不出错的底线，这也是很关键的一招。平时出点错、中小企业能够承担相应的损失，但经济下行的时候，中小企业经营就像在汹涌的波涛里航行、在泥沼里行车，万一方向出了问题就走不出来了，中小企业这时要睁大眼睛，不能出错或尽量减少出错。

总的来说，面对疫情的压力，中小企业还是要突出主业、做精专业，量力而行、量入为出。

（一）在“六稳”“六保”政策下育新机

这一次疫情下，政府政策的主基调给了中小企业很大的恢复空间。同时，政府、央企、国企都在减租，以支持中小企业的发展。中小企业要充分把握这些政策机遇，缓解资金压力，调整资本结构。

（二）靠拉动内需和扩大消费来育新机

每一次出现危机，经济上出现压力的时候，我们的不二选择就是拉动内需、扩大消费，这确实也是全世界到目前为止最成功的方法。2020年，规模型的政策资金有近6万亿元，“两新一重”的重点投资有2万亿元，共计8万亿元。2020年7月，洪灾、汛情非常严峻，国务院常务会议研究部署了2020年到2022年重点推进的水利项目，大概

有 150 项，总投资达 1.29 万亿元。可以说在抗击疫情、恢复经济的过程中，内需是个天文数字。同时，我们要扩大国内的消费，因为疫情使市场压力加大，导致民众不敢花钱，再加上旅游、交通等一些聚集性的商业没有系统开业，进一步影响了消费。中国有 14 亿人口的大市场，消费的潜力很大，随着疫情逐渐被控制住，消费市场也会迅速恢复，中小企业要把握住这个机会。

(三)积极应对市场变化，创新产品和服务，在相关领域开新局

这次疫情之后，市场出现了许多新的需求，比如口罩、消毒液、呼吸机等医疗防护用品的需求量明显增大。以口罩为例，2020 年 2 月 1 日我国日产能是 2000 万只，到了 3 月 1 日，日产能就达到了 2 亿只，6 月的日产能有 8 亿只，估计现在日产能已经超过了 10 亿只。做口罩、做防疫用品也是发展趋势。受疫情影响，市场需求在变化，其中也蕴藏着不少机会。

再如中国建材生产的碳纤维自行车，2020 年 3 月卖不出去，到了 5 月便供不应求，这是因为疫情，欧洲人不愿意坐公共交通出行了，开始骑自行车，于是自行车、电滑板车等产品开始热销。此外，由于线上教育的迅速普及，平板电脑等电子产品的需求大增，中国建材旗下供应相关产品模组的工厂——深圳国显，抓住机会加大生产，提高了销售额。在市场出现变化的情况下，中小企业不能仅看到有的产品“往下行”，也要看到不少产品已在“往上行”，应该抓住这些新的机会。

(四)中小企业要进行技术创新，开辟新的发展局面

疫情之前，贸易摩擦让我国很多企业上了实体名单，尤其是华为等高科技企业受到了严格限制，外方大搞技术封锁。现在“卡脖子”成了一个大问题，但是也给我们创造了一个很大的机会。我国中小企业要趁此机会加大研发，大力投资中小企业的实验室建设，在自有技术上越来越完备。

四、五大升维战略

经营中小企业从来没有灵丹妙药，都是靠实践，靠总结，靠大家彼此互动、交流学习。后疫情时代，我们不能总去听那些悲观的经济学家讲的“黑天鹅”“灰犀牛”的故事，还要保持平和的心态，要相信自己、相信直觉、相信常理、相信未来，要站得更高、看得更远，要有格局、有胸怀，学会升维思考。

中小企业升维是指中小企业围绕形势的变化、市场的变化、技术创新的变化，提高自身定位，提高主业的市场高度、经营高度和创新高度。

(一)管理升维

在后疫情时代,中小企业的管理也至关重要。中小企业既要做正确的事,又要正确地做事。这意味着中小企业既要选择正确的业务,也要做好企业管理。这些年,我国中小企业的管理水平有了很大的提高,也正是因为这样,才做出了一流的产品,有了一流的服务。大家既要学习管理理论,也要重视管理方法。

(二)创新升维

1.自主创新和集成创新相结合

中小企业的创新模式可以采取集成创新与自主创新的模式。1979 年,美国提出了集成创新模式,就是把各种要素组合起来,既有自己的创新,也借鉴别人的创新。事实上,全世界从来没有一个国家、一家中小企业是关上门,完全靠自己做东西的,一定是将生产要素集成起来、汇集起来进行创新。

2.持续性创新和颠覆性创新相结合

比如,北汽集团的汽油车是持续性创新,新能源汽车是颠覆性创新,企业可以将这两种创新放在一起,共同发展。

(三)产业升维

中央强调要加强供给侧结构性改革,我国的中小企业数量足够多,产品数量足够多,因此不能再简单地追求数量,还要追求质量。产业升维,要在供给侧方面下大功夫,从过去解决“有没有”的问题到今天解决“好不好”的问题,要多在“好”字上下功夫。

产业升级、企业战略转型,是企业发展必须要做的。我国现在的产业结构调整遇到了一些困难,既有国际关系不确定性和疫情导致的全球经济衰退的影响,也有结构调整自身带来的压力。中小企业要主动进行产业升级,现在,我国的一些加工业开始迁移到越南、非洲等地的一些国家,这不一定是坏事,中国中小企业带着这些产能走向了世界,这是符合经济发展规律的。中小企业需要进行产业升级,向产业链的中高端跃迁。

(四)市场升维

2020 年新冠肺炎疫情发生后,中央提出“加快形成以国内大循环为主体、国内国际双循环相互促进的新发展格局”,中小企业要以此为战略指导方向。以国内大循环为主体有两层含义:一是要扩大内需,提升国内市场的消费能力;二是要吸引国外中小企业、国际投资和技术进入中国市场，而不是关起门来。举办中国国际进口博览会（简称“进博会”）也好，举办北京服贸会也好，都是对外开放、敞开胸怀的做法。

以国内大循环为主体既是中小企业的发展机会也是中小企业要面临的挑战。一方面，要提高消费水平，就必须增加消费者的收入，这是根上的事。我们要进行分配改革，让更多的人能有高收入，进入中产阶层，这是一项非常重要的任务。另一方面，厂家、中小企业要提高制造水平和服务水平，要创立自主品牌。

中小企业要继续弘扬中小企业家精神、创新精神、工匠精神，打造质量一流的产品来供应国内市场。多年来，我们习惯于出口一流的产品，而日本则是把一流的产品供应国内的长期客户市场，剩下的再出口。所以，我们的观念也要转变，不仅要重视国内市场品牌的打造，同时也要加强服务。

对中小企业来讲，所谓市场升维，首先要把思想提升到更高的层面，以内循环为主体，绝不是不要双循环。

中小企业需要走出去，从让产品走出去，到让企业走出去，不断适应全球化格局的新变化。像中国建材所属的中国巨石是生产玻璃纤维的中小企业，这几年就在埃及和美国的南卡罗来纳州建立了工厂，分别覆盖美国市场和欧洲市场。受贸易摩擦影响，美国进口我国玻璃纤维要加征高额关税，这意味着基本上美国客户不会选择进口我国的玻璃纤维了，在这种情况下，由于中国巨石早做了准备，在当地建了工厂，美国的客户资源没有受到影响。欧洲也是如此，关税居高不下，面对这种情况，我们只能考虑把企业放在当地。当年日本也是这么做的，日本的 GDP 几乎没有什么增长，但是日本的 GNP 却是天文数字。从考虑 GDP 到考虑 GNP，转向了新的财富形态思考角度，这也是双循环背景下我们应该思考的问题。

（五）资本升维

2018 年，中央经济工作会议指出，“要通过深化改革，打造一个规范、透明、开放、有活力、有韧性的资本市场”，并提出“提高上市公司质量，完善交易制度，引导更多中长期资金进入”等具体措施。资本市场是经济发展的力量和底气所在，建设好资本市场要发挥合力，打“组合拳”。资本升维离不开以下四个方面。

1.经济基本面

2020 年，我国经济基本面下行压力较大，但相比其他国家来看算是较好的，我们无论在抗疫和复工复产方面，还是在双循环发展经济方面都取得了巨大的成绩。我国经济正在克服重重困难，总体上稳中求进、稳中向好。

2.监管水平

在推出科创板、创业板试点注册制、新三板改革、常态化退市等系列措施，推动提高上市公司质量等方面，监管层做了大量工作。应该说监管层是在做正确的事、正确地做事，方向明、路子对、步子稳。

3.公司质量

美国的上市公司发展了200多年，而我国的上市公司只历经了约30个春秋。现在我国非常重视规范上市公司的生存环境，新修订的《中华人民共和国证券法》已经正式实施。2019年，中国上市公司协会培训了6000多名上市公司董监高人员，2020年，又在线上为上万名上市公司高管进行了培训，现在又在抓点线面结合的重点培训，还在上市公司中选择样板，抓两头带中间。

4.投资者生态

政府要引导机构投资者，增加机构投资者的数量，将散户的资本向机构投资者集中，也要积极引导散户理性地进行价值投资，提高市场整体的投资水平。除此以外，社会与媒体也可以引导市场。我们相信，大家共同努力，资本市场就会更加健康、更有活力，资本市场的春天就会到来。

五、在双循环下做好中小企业布局和经营

我国是有14亿人口的消费大国，有4亿人处于中产阶层，具有得天独厚、“做一望一”的超大规模市场优势。经济发展到今天，出现了很大的变化，我们必须改变原有的发展方式，因此，国内市场的自主深度开发至关重要。

（一）产业结构上要从中低端向中高端进行升级

近年来，供给侧结构性改革持续深化，新技术、新产业、新业态蓬勃发展，制造业部分重点领域在全球竞争中实现了从跟跑、并跑到领跑的超越。然而，面对错综复杂的内外部环境，制造业“大而不强”的现象依然存在，关键核心技术“卡脖子”的问题仍然突出。习近平总书记在经济社会领域专家座谈会上指出，要大力提升自主创新能力，尽快突破关键核心技术。这是关系我国发展全局的重大问题，也是形成以国内大循环为主体的关键。中小企业一定要认识到关键技术是要不来、买不来、求不来的，必须自主创新，做到“科技自立自强”，千万不要怀念过去“通过合资把技术留下来”的老路子。

推进制造业迈向全球产业链中高端是未来发展的方向，中小企业要积极调整产品结构，加大技术创新的力度，综合运用制造业服务化、产研结合、集成创新等模式，不断向产业链高端跃升，提升上下游产业链的整体价值。任何中小企业在一个行业里面，都不能遇到困难了就立即离开，而是要深入研究在这个行业里如何能够细分市场、细分产品，向着中高端进行升级。

（二）向着战略性新兴产业或新经济领域进行转移

有些中小企业确实做不下去了，怎么办？企业可以考虑向着新兴产业或新经济领域转移，比如转移向消费互联网、工业互联网、生物医药健康、新能源汽车、新材料、智慧农业等发展潜力大、生长性强的领域。这些产业或领域往往拥有庞大的市场空间、稳定的需求和丰富的产品品类，市场机会还是挺多的。

以新能源汽车领域为例，新能源汽车降低了全球交通对不可再生能源的依赖，同时智能化帮助整车产业链进行了延伸，从而打开了长期的盈利空间。国家出台补贴与优惠政策支持新能源汽车发展，建设与完善充电基础设施布局，解决新能源汽车"充电难"的问题。虽然蔚来、理想和小鹏等国内大部分高市值新能源汽车中小企业尚未实现盈利，但它们都属于未来高价值的行业。

（三）借助数字化进行转型

近年来，作为新基建领域的关键技术，5G 等新一代信息技术赋能新应用，云计算、大数据、人工智能、工业互联网、物联网等共同推进了智慧社会的发展，支撑着产业数字化、智能化转型，已成为中国数字经济的新引擎。过去，我们把数据看作工具，而今天，数据已经变成了我们的思维方式。

任何一个行业都要"＋互联网"，或者"互联网＋"，用数字化来支持自身转型。数字化转型对中小企业有两个核心作用：一是可以降低成本；二是可以提高生产的精准度，有效提升产品质量与生产效率。有研究指出，数字化转型将使制造业中小企业生产经营成本降低 17.6％，利润增加 22.6％。但一些中小企业仍处于"不会转，不能转，不敢转"的困境中，我们应在培养数字产业人才、扎根数字产业沃土、打造数字产业生态方面继续下功夫。

（四）对接资本市场

如果是中小企业，可以用股权、基金来支持其发展，中小企业做到一定规模，成了独角兽，可以借助资本市场来发展。现在无论是创新也好，中小企业成长也好，发展到一定程度都离不开资本市场的支持。

（五）在产业布局和发展过程中，要重视产业的整合

目前大部分产业都处于过剩或走向过剩的状态，所以需要整合。在整合过程中我们大力提倡采用混合所有制的方式，就是国企和民企进行高度的、充分的混合，既能发挥国企的优势，也能发挥民企的优势，实现共赢。

在做好以国内大循环为主体的工作之外，我们还要重视国际大循环。过去，中小企业比较看重的是让产品走出去，包括让成套装备走出去等；现在，必须要转变思路。有的专家认为，全球化发展到今天会朝着区域化方向发展，如形成北美、欧洲、亚洲等区域市场，再如 2020 年 11 月 15 日正式签署的《区域全面经济伙伴关系协定》(RCEP)是覆盖 15 个成员国的自由贸易协定。在此背景下，如果要想继续做国际大循环，中小企业就必须走出去，成为进可攻退可守、既在国内发展又在国外发展的"两栖"中小企业。对于大企业，笔者主张向跨国公司转型，要打造更多的跨国公司，到每个国家去进行本土化或全球化经营。海信现在每年在海外能够创造 400 多亿元人民币的产值，它在美国有一个工厂，在欧洲有三个工厂，在南非有一个工厂，已成为典型的跨国公司。中小企业也要发扬"悍马精神"，用顽强的毅力开拓全球市场。温州人、宁波人就是发扬"悍马精神"的杰出代表，中小企业家们要像他们一样，把本土产品推广到全世界。

(六)以市场换市场

在当今全球经济背景下，国际上的产品更多地进入了中国，我国的产品也更多地出口。中小企业经营也是如此，可以与国际企业达成更多双向、多边的合作。我国中小企业和外国中小企业之间可以在自贸区内形成双向的、互利互惠的开放关系。

(七)在全球范围内进行技术集成

技术是不断变化与发展的，中小企业要不断学习全球先进技术，进行技术集成与研发。比如，华为在美国、以色列等地都有它的技术中心或研究所，能把全世界的技术要素高度集中起来，进行集成创新。我们要重视技术的集成，把它纳入双循环相互促进的进程里来。

(八)人民币的国际化

这一点对双循环相互促进来说特别重要。粤港澳大湾区用人民币结算的外贸业务有 52%，但整体上，现在对外贸易主要还是依赖于美元、欧元这些结算货币。如果我们都能用人民币结算，或者一部分用人民币结算，就能为国内国际双循环相互促进创造非常好的条件。比如印度尼西亚出口到我国的棕榈油，如果有人民币离岸中心的话，我们就可以支付人民币。这样，印度尼西亚在购买我们的设备时也可以使用人民币结算，就逐步形成了一对一、一对多的人民币通道，这对双循环和中小企业来讲都特别重要。

第二章　中小企业经营创新内容

第一节　观念创新

一、观念创新是中小企业创新的基础

观念创新，是指开发出更能适应中小企业内外变化趋势，比以往更有利于推动企业进行创新活动的观念。中小企业要主动进行观念创新，不断适应企业的内外部环境，提高应对风险的能力。因此，中小企业只有不断创新观念，不断适应时代演进的趋势与方向，开展经营活动，才能实现可持续发展，否则就可能被市场和行业淘汰。可以说观念创新是中小企业进行各项经营创新的第一步。

观念是人们对客观事物的主观认识。主体不同对同一事物的认识也会不同，认识不同主体的行为也会不同，就会产生不同的结果。例如，有两位农民进城寻求发展机会，看到一杯水需要 2 元。一个想：农村的水都是免费的，这里什么都需要花钱，还是回去吧；另一个却想：在我们农村，水是不值钱的，在这里却连水都能卖钱，看来在这也好生活，我应该留下来。结果，走的还是农民，留下的成了中小企业家。一个农民是自然经济的观念，认为水是天然资源，不能作为商品，不能接受商品经济的新观念。而另一个农民则接受了商品经济观念，认为商品经济比自然经济好，接受商品经济的挑战。对同一事情不同的看法，产生了完全不同的结果，可见观念创新之重要。

从以上分析可以看出，观念是对外部客观环境变化的一种认识，因此观念变革必须与外部环境变化相同步。观念创新实际上是通过预测客观环境变化使得观念与外部客观环境的变化相适应。观念创新与外部客观环境变化之间有三种关系。

①超前型，观念创新发生在外部环境变化之前，有利于中小企业提前做好准备，以应对外部环境变化。

②同步型，观念创新与外部客观环境变化是同时发生的，中小企业能够敏锐地察觉到外部环境变化，并不断调整观念、创新观念。

③滞后型，观念创新滞后于外部环境变化。

中小企业要主动、及时进行观念创新，超前型优于同步型。但不是所有的超前型观念创新对于企业发展都有利，有的观念可能会致使企业成本增加，甚至耽误企业进行创新转型。

在现代经营体系中，经营理念处于首要地位。随着知识经济时代的到来，越来越多的经营者认识到：优秀中小企业首先需要的不是大量的资本，不是利润指标，不是先进的计算机管理系统，而是不断创新的思想观念。持续进行观念创新，是中小企业健康稳定持续发展的要诀，是中小企业各项创新的导向和关键。

二、观念创新体系

中小企业进行观念创新的第一步就是认识与建立观念创新体系。观念创新如图 2-1所示。

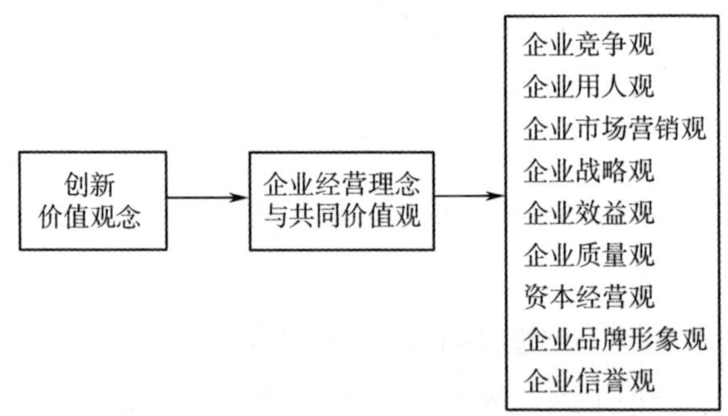

图 2-1　观念创新体系

（一）创新价值观

创新价值观指的是创新主体对创新作用、创新目标、创新过程等的认识。创新价值观在创新过程中起着决定性作用。我国有的中小企业还没有树立起正确的创新价值观。而创新价值观直接影响着中小企业创新活动，因此，中小企业要想有效经营创新，第一步就是树立正确的、科学的企业创新价值观。

(二)经营理念与共同价值观

经营理念是连接中小企业的价值观与经营目标,指导中小企业发展方向的主线。良好的经营理念一旦形成,就会使中小企业员工形成一种凝聚力量。

(三)市场营销观

营销的本质是为了满足个人与组织的需要所进行的思想、物品与服务的等价交换过程。交换实质上是一个价值创造的过程,交换通常使双方变得比交换前更好,中小企业之间的竞争是创造价值的竞争,营销成功的关键是中小企业能否比竞争对手为客户提供更大价值。通过产品交流、数据交流、思想交流、情感交流,双方营销伙伴整体整合资源,实现最大化的营销效益。营销观念的产生是一个发展的过程,由生产观念、产品观念、销售观念、市场销售与社会销售观念发展演变而来。营销观念的产生离不开营销环境的变化,是一个从卖方市场到买方市场,消费者需求层次不断变化的过程。在营销过程中除了产品性能要满足客户要求,还要得到客户的认可。由产品或者服务引导消费市场、创造客户需求是中小企业市场营销观念的发展趋势。市场是中小企业的"试金石",是中小企业实现经营目标的"主战场"。为此,企业的市场竞争力尤为重要。在市场经济环境下,中小企业的所有生产与经营活动都要以市场为基础,想要进入市场,就要有自己的"领土",就是企业所占据的市场份额,市场占有率越高,企业的生存与发展空间就越大。中小企业想要获得长期发展,就要转变以产品生产和销售为中心的经营模式,要不断提高市场份额,实现企业长期经营目标。中小企业实现市场份额最大化是实现长期效益最大化的基础。中小企业出现负利润并不意味着失去市场,但没有了市场,企业就无法实现长期效益最大化。中小企业要在满足客户需求的基础上,创造与满足客户的不同需求,才可以不断占据市场份额,这就需要企业进行市场营销观念的创新。

现代营销与传统推销观念的区别有以下七点。

①推销重在产品,营销重在服务与需求。

②推销重在卖方自己,营销重在买方需要。

③推销是先开工厂后做市场,营销是先做市场后开工厂。

④推销通过销售来获得利润,营销通过顾客的满意获得利润。

⑤推销想的是今天,营销想的是明天。

⑥推销想的是战术，营销考虑的是战略。

⑦推销追求的是利润率，营销讲的是顾客的满意度。

（四）中小企业战略观

在经营环境多变的情况下，中小企业经营的成败在很大程度上取决于中小企业有无正确的、符合市场经济与市场营销环境的中小企业战略。企业家们没有明确的经营思路，企业就没有好的出路；中小企业如果没有科学有效的战略，企业的发展也会是迷茫的。中小企业的战略观，实际上是指中小企业应进行战略性经营。战略性经营关注的是中小企业应该做什么事，擅长做什么事，能做什么事，不该做什么事，事情要做到多大，需要投入多少资源等问题。经营思路建立在长期、系统、全局的基础之上，面对中小企业环境变化采取主动出击与积极响应的策略，而不是简单地、被动地应付中小企业环境的变化，从整体上把握中小企业，在市场营销环境动态的变化中确定中小企业的未来走向。战略经营与战术经营最大的区别在于：长期行为与短期行为、全局与局部、动态与静态、系统与零碎。

一个企业的成功无法完全归功于企业的战略性经营，但企业的战略性经营一定有效推动了企业走向成功。例如，盒式录像带的生产技术原为美国公司所掌握，当时产品价格是 10 美元/盒，成本为 6 美元/盒，这时日本人就找到美国人，要求转让技术，并愿意以 3 美元/盒的价格供应美国公司在美国市场销售。美国人认为，这是好事情，能比自己生产赚更多的钱。而日本人拿到了技术以后，不断进行创新与完善，结果生产成本降至 1 美元，然后以 2 美元的价格推向市场，把美国产品赶出了市场，最后美国人连美国市场也只好拱手相让。

中小企业的战略观要指导企业制定可行的战略目标，并坚持实施，不能因为短期的盈利或亏损而随意变动。从战略角度看，一些中小企业之所以失败，一是没有战略；二是有了战略，却不能稳定、持久地实施，因为经营者走马灯似的更换，造成了经营者经营中小企业的短期行为。

（五）中小企业效益观

效益体现的是投入与产出、产出与目标要求之间的关系。理论上看，中小企业有五种获取效益的方式。

①投入不变，增加产出。

②产出不变，减少投入。

③投入少量增加，产出大幅增加。

④产出少量减少，投入大幅减少。

⑤减少投入，增加产出。

效益的涵盖范围比利润更大，利润是衡量中小企业效益的指标。然而利润高并不一定能代表效益好，因为利润作为一个指标，是弹性的，短期的高利润不仅反映了企业生产的不平衡，也可能反映了企业外部环境因素发生了变化。

中小企业对于企业效益的衡量需要结合四个指标：利润；市场占有率；市场价值；人力资源价值。

当今时代背景下，市场价值和人力资源价值对于企业获取效益的影响越来越大，这两个指标在一定程度上也体现了企业对于长期盈利水平的预期。可以说是效益是企业利润与预期盈利的结合。在股票市场上经常可以看到这种情况，某个中小企业利润空前增长，其股价不升反降，这并不完全是投机的结果，还可能反映了市场对中小企业未来预期利润的担心。1996 年初，美国股市杀出了一匹黑马，一家一年多前成立的小公司——网景公司，出于市场对其开发成功的互联网软件前景看好，网景公司市场价值成倍增加，已达 50 亿美元，超过了许多大中小企业，按市场价值排序已经进入美国最大的 200 家企业的排行榜。但是，网景公司的实际利润很低，年利润只有几百万美元，公司也很小，只有 100 多人。由此可见，现代市场不是用利润来衡量企业效益的，而是主要依据预期利润。

追求效益唯一不变的途径是降低成本。如果在资本成本、生产成本上大手大脚，那么在其他方面的所有努力都可能会白费。中小企业经营中最简单、最实用、最没有学问而最容易被忽视的管理就是成本控制。郑州卷烟厂的成功就是目标成本管理的成功，其 1997 年仅实施目标成本管理，就使利润翻了 71 倍。

（六）品牌、形象观

经营商品不如经营产品品牌和企业形象，品牌和企业形象是中小企业最有价值的知识资本和知识产权，也是高附加值的关键所在。将中小企业从产品经营转入品牌经营的轨道，就等于投资于只赚不赔、一本万利的产业，机器、设备、厂房等都有落后、报废、淘汰之日，而品牌在质量和信誉的精心维护下，时间越长，价值就越高。可以这么说，投资工商业，经营多年而没有自己的牌子，等于白干，即使赚了钱也只是昙花一现，难以长期稳定、持续地赚钱，21 世纪最值钱的就是无形资产，越来越不值钱的就是有形资产。

(七)管理观念的创新

管理观念是管理者在管理活动过程中所持有的思想和判断力。“思路决定出路”,企业的经营管理观念是指导企业生存发展的导航灯。中小企业若想在激烈的市场竞争中生存和发展,并且成为一流企业,首先要在管理理念上进行创新。

1.经营目标观念创新

大部分中小企业在倡导“一切以满足顾客需求为主”理念的同时,他们真正的经营目标是追求短期利益最大化。从社会发展的角度来看,人们越来越关注人、组织、社会和自然的协调发展。企业需要结合经济和社会利益目标,首先逐步设定社会利益目标,提高企业的管理水平,这是企业管理发展不可回避的变化方向。作为社会的一员,公司负有重要的社会责任,除了要注重对产品管理的实时关注,企业还要对全体员工的身心健康和成长负责,对消费者间接使用资源和经济可持续性之间的环境平衡负责。中小企业应适应社会变化,坚持国家产业政策方向。以资源型生产为主的中小企业需要改善产业结构和生产水平,对产品进行更新迭代。中小企业在关注生产之余,也要关注员工健康与环境保护等问题,关注社会利益与企业经济效益。

2.产品观念创新

随着现代社会的飞速发展,产品更新周期不断缩短,新的产品不断出现。中小企业要充分利用自身规模小、转变策略快等有利条件,根据行业市场采取适当的投资策略,研发新的产品,开拓新的市场。中小企业还可以实行品牌产品决策,根据企业实力基础,打造品牌形象与企业口碑,通过提升产品质量、优化产品工艺等方式增加产品与服务的附加值,提升企业市场竞争力。

3.市场观念创新

正确、科学的市场观念引导企业走向科学、正确的市场发展。中小企业在选择目标市场时要考虑自身实际的实力与竞争对手的实力。面对人们当前多样的、个性的消费需求,企业也需要对于市场进行合理布局与精准定位,将市场导向转化为市场需求。

4.信息观念创新

在信息时代,获取及时的、完整的、准确的、可靠的信息有利于企业抓住市场变化与趋势,提升企业核心竞争力。互联网作为中小企业信息收集与交流的平台,不仅使企业更容易获得生产技术、制作工艺、产品销售渠道等信息,又打开了新的网络销售市场。中小企业可以利用互联网高效、经济、全面地搜集企业经营信息数据,打破了传统信息收集的成本问题。中小企业要狠抓信息化管理，必须提高信息处理能力以及信息收集量，才能有效地将信息转化为经济效益。中小企业还可以与高校、科研所等机构加强信息沟通与交流，这样可以有效降低企业研发成本，使产品更具竞争力。

5.人力资源观念创新

企业需要给予员工信任与尊重，提高员工的技能水平、综合素质与创新动力。有的企业片面地认识人力资源管理，只对员工进行物质奖励，忽略给员工提供继续教育、技能培训、人文关怀等情感奖励以及提升企业的整体形象与口碑。人是管理之本，企业之间的竞争一定程度上属于人才与人才之间的竞争。为此企业需要不断引入与开发人力资源。除此之外，企业要打造学习型企业，企业所有员工都需要接受培训，提高技能水平与综合素质，以实现员工的工作目标与个人目标。中小企业通过提供培训与学习机会，促进员工个人目标与企业发展目标相结合，实现员工与企业共赢。

第二节　制度创新

一、中小企业经营创新动力

中小企业进行创新既有内部动力，也有外部动力，二者共同推动企业的经营创新。

内在动力往往来自企业家的创新精神以及经济效益驱动力。外在动力往往来自政府政策的指导力、市场需求的拉动力、市场竞争压力以及科学技术推动力。内在动力与和外在动力共同形成企业进行经营创新的动力机制，两者互补形成了中小企业经营创新的动态推动力，只有外在动力转化为内在动力，创新动力才可以发挥作用，内在动力的形成也需要外在动力的支持。

（一）中小企业经营创新的内在动力因素

1.企业长期利益驱动力

中小企业进行经营创新实际上是实现经济目的的过程，主要目标是创造经济效益，提高企业竞争力，推动企业长期发展。因此，中小企业进行经营创新的根本动力是实现盈利与提高市场竞争力。中小企业将利润转化为创新动力的能力往往取决于企业的短期盈利目标与长期盈利目标。中小企业短期盈利目标对经营决策的影响是，企业直接模仿或者保持现有产品或者服务的生产模式，或者是增加其他高附加值的产品或者服务，通过学习与优化现有技术、管理生产成本、优化营销手段、增强现有市场竞争力等方式进行经营管理，不涉及经营创新，最终实现经济效益的提高；中小企业长期盈利目标的影响是，企业加大创新投入，增加创新资源，研究与开发新的产品与服务，以将知识产权转化为经济效益为基础，提高市场竞争力，实现企业盈利目标。因此，只有当中小企业将长期的发展和利益视为根本目标时，企业才会产生经营创新的要求，利润驱动才会成为中小企业经营创新的内在动力。

2.企业家创新精神驱动力

企业家在中小企业经营创新过程中担任着领导者、组织者与参与者的角色，对于企业进行经营创新有重要影响。企业家的创新精神能有效引导、激发与影响企业进行经营创新。企业家的创新精神与创新驱动力影响着中小企业的发展过程，关系到企业进行经营创新的每一个环节，比如探索创新需求、寻找创新机会、规划创新方案、配置创新资源、制定创新目标等。企业家的创新精神与企业的创新过程是正相关的，创新精神越强，企业的创新进展就越快。不仅企业家的创新精神影响企业经营创新，企业员工的创新动力也影响企业进行经营创新。中小企业员工的创新精神与企业家追求的创新目标和企业成员的创新素质息息相关。良好、高效的企业成员创新素质是中小企业有效进行经营创新的基础与保障。

（二）中小企业经营创新的外在动力因素

1.政府政策引导力

政府对于企业经营创新的政策与态度直接影响中小企业的经营创新战略，因为政府不仅制定市场竞争规则与政策，还能够通过进行创新研究、发布政府订单等方式参与市场活动。党的十九大将提高经营创新能力作为贯彻落实科学发展观的重大原则，强调形成一批拥有自主知识产权和知名品牌、国际竞争力较强的优势企业是未来较长一段时期内经济社会发展的一个重要目标。为实现这一重要目标，各级政府积极响应，出台了相关政策与相应措施，支持企业进行经营创新，这对于促进中小企业增加创新投入、加大创新力度发挥着重要作用。

2.市场需求拉动力

市场需求是中小企业进行创新、扩展创新思路的源泉与动力。市场需求为中小企业提供了更新升级产品和优化工艺的机会，由此拉动企业的经营创新。企业探索、研究技术与工艺来满足不断变化的市场需求，形成企业创新活动。中小企业通过创新获得知识产权，并将知识产权转变为经济效益，这是满足市场需求的首要途径，也是市场需求能够刺激中小企业经营创新的根源。中小企业经营创新的程度与市场需求的规模呈现正相关，市场需求越大，企业对于产品的创新与服务的升级越大，对中小企业的经营创新拉动力越强。

3.市场竞争压力

市场竞争压力有效推动了中小企业寻找并抓住创新机遇、进行经营创新工作。中小企业自诞生伊始，就面临着极大的竞争压力，尤其是与大企业在同一市场上竞争的中小企业往往面临着生死存亡的竞争局面，激烈的市场竞争给中小企业带来了很强的危机感。同时，市场竞争压力能够刺激中小企业产生对经营创新的积极性和热情，使其产生创新动力并开展创新活动。

4.科学技术推动力

科学技术发展随着时代的进步日新月异，而且随着网络经济时代的到来，“互联网＋”和第四次工业革命的时代背景将进一步提升科学技术迭代更新的速度。技术的进步带来了新的创新理念，有利于推动中小企业进行新技术的研究开发工作，研发成功后可以实现技术向经济效益的转换。技术创新者在技术未衰退时进行技术许可与投入商用，有可能带来经济效益。科学技术所产生的企业创新推动力的大小由技术本身决定，较大的科学技术进步可以推动中小企业实现跨越性技术创新，较小的科学技术进步也可以推进中小企业逐步进行技术创新。

二、中小企业经营激励制度创新

（一）丰富激励手段

1.物质激励

提升薪资、发放奖金、优化工作环境、股份奖励等。

2.精神激励

打造平等、团结、和谐的企业文化，营造自由轻松的工作环境，给予荣誉等。

3.情感激励

对员工给予肯定、提供带薪休假、发放创新证书等。

4.发展激励

员工晋升、提供出国交流与学习机会等。

(二)构建中小企业与全体员工的双向激励制度和反馈制度

中小企业要积极寻求创新点,实施创新活动,通过价值取向在组织目标、价值观、薪酬激励、指导方针和道德观等方面积极创造条件,引导与组织全体员工参与创新。创新活动能够有效推动中小企业发展,员工也可以通过参加创新活动来明确个人事业规划、增强个人综合素质、提升个人技能、实现个人价值并满足自己的需求等。通过构建企业与员工之间的双向激励制度,从而实现中小企业与员工的双赢。双向激励制度有利于营造企业的经营创新氛围,推动创新活动的进行与创新成果的完成。中小企业还可以通过建立反馈制度,将阶段性创新成果以及创新活动的评估结果与员工的薪酬与晋升等激励方式相结合,推动员工成长与企业发展。

(三)完善增强经营创新能力的激励约束制度

一个企业的管理风格是企业实力、企业权利、企业效率、企业能力的体现。因此,中小企业增强经营创新能力的激励制度自然成为中小企业公司治理制度中的有机内容。中小企业要综合研究企业的经营创新能力,明确企业经营创新的创新点、创新活动、创新价值、创新目标、创新体系、创新主体、创新实力等内容,从而科学地制定企业进行经营创新的约束制度,综合提高企业管理能力与创新能力。

(四)完善激励制度的指标体系、组织机构和操作规程

完善中小企业经营创新能力的激励体系可以从细节、制度、规范、准则、流程等几方面入手。中小企业要提高经营创新能力、提高员工进行自主创新的积极性、深入挖掘企业每个经营环节中的创新点,推动企业创新成果向经济效益转变。

三、中小企业经营创新的风险防范制度

中小企业可以构建风险防范制度、完善经营创新的风险防范结构,通过风险防范制度有效评估、预测、管理与应对可能会面临的经营创新风险,减少或完全避免创新风险与财务损失,增强中小企业经营创新的效率与效益。

（一）中小企业技术创新风险的防范

提高技术水平有利于中小企业应对技术创新的风险。技术能力是中小企业的进行市场竞争的决定因素之一。中小企业可以通过研发创新技术、引进与培养技术人才、购买专利许可、与其他机构进行技术合作等方式来提高企业技术能力，增强市场竞争力。

1.重视技术引进或开发

中小企业必须投入成本来支持技术引进或开发，生产所投入的成本只能通过发展技术来降低。重视技术引进或开发的决策是防范、抵御管理风险的第一道防线。可以通过两种方式来避免某些创新风险与技术决策风险：一是通过行业内专家的分析与研究编制对引进或即将开发的技术使用前景的可行性研究报告；二是预测、评估技术带来的效益方案，选择最佳计划方案。

2.充分利用政府的优惠政策

从税收、财政、金融等领域，政府对中小企业的统筹规划和监管、技术人才的培养与引入、先进技术的研发与转移等方面提供了广泛的政策支持，这些政府支持政策可以防止技术创新的风险，需要中小企业充分利用。

3.搞好技术活动的组织工作

整个创新过程基本上是不同技术活动的结合。开展每一项技术活动之前都要先确定目标，拟好计划，制订进度，明确权责。为了实现预期的创新目标，有必要制订一种综合的创新方法，协调和控制各环节的创新工作。

4.加强对高级技术工人的培养，降低技术流失率

在中小企业中，高级技术工人的数量与能力能够体现企业的部分技术能力水平，进而影响企业进行技术创新的结果。所以中小企业需要加强对高级技术工人的引入与培训，提高技术创新能力与应对技术流失的能力，并在技术研发与产品创新时采取有效的防范举措。

（二）中小企业经营创新决策风险的防范

1.建立严格的决策程序，采取科学的决策方法

中小企业的管理决策部门要与各部门之间加强交流与沟通，听取各方面需求与意见，认真、客观评估企业实力，展开决策可行性分析。现阶段编制决策项目可行性研究报告是中小企业预测、分析风险的重要方式，也是风险管理的重要组成部分。企业经

营创新是一项探索性活动,广泛收集能对企业经营造成影响的风险因素,准确识别不同的风险因素并采取风险预防与应对措施对于企业经营非常重要。所以,中小企业在做出风险决策时,预测、获取的风险因素越多,得出的数据就越准确,决策就越准确可靠,企业也能够因此降低风险甚至消除风险。因此,中小企业必须提高对风险信息的收集能力,采取有效措施防范风险,收集信息不仅在技术开发阶段很重要,在产品开发、生产与经营等阶段同样重要。中小企业必须结合多种信息策略,验证与分析信息,同时加强信息处理能力,比如细分处理技术专利信息、分析特定领域的技术趋势等。

2.加强对技术创新方案的可行性评估和论证,减少技术开发与技术选择的盲目性

中小企业技术创新应侧重于市场研究与调查,从客户关心的产品功能开始;研究客户需求并专注于大部分客户的关联需求,针对满足相关需求,进行产品的研究与技术创新;充分了解企业生产与销售的产品,并尽一切可能检测和修复其中的缺陷;切实考虑企业自身的技术能力与综合实力,总体规划技术创新方案,进行新产品的设计与开发。

(三)中小企业经营创新财务风险的防范

中小企业可以借助不同的调查方式,仔细总结分析来了解不同的财务风险,再通过分类、总结与分析来了解不同财务风险所产生的不同问题与产生原因。预测财务风险的难度比较大,对技术的要求比较高,但成功预测财务风险可以有效减少财务风险带来的损失。

市场经济的外部环境决定了企业经营是存在客观财务风险的,这个风险存在于企业资金运作的整个过程中。为此中小企业对于财务风险的应对除了直接分析、预测、识别风险外,还可以采取购买风险保险、风险分担、风险转移等方式来提高应对财务风险的能力,减少企业财务损失,提高企业效益。

在选择财务风险策略时,中小企业管理者要权衡自己的优势与劣势,并关注三个因素:首先是风险分担成本要低于风险财务损失;其次是风险分担的偿付能力,尤其需要考虑保险公司支付赔款和支付保费的能力;最后要考虑风险损失转移后,分担单位能够收益平衡。

(四)中小企业经营创新制度风险的防范

1.增强战略风险管理意识

中小企业面临着不断变化的内部发展趋势与外部环境,要想获得发展动力并适应

外部环境变化趋势，就需要提高企业管理层及所有员工的风险意识，让所有员工都可以感受到风险带来的压力并保持警惕，将风险带来的压力转化为生产经营动力。中小企业还需要引入、创新风险制度，建立科学有效的风险分配制度，比如，责任分工制度、收入分配制度、员工晋升考核制度等，增强企业战略风险管理意识。

2.加强研究开发、生产制造人员与市场营销人员的配合，提高企业团队整体抗风险能力

没有科学有效的营销策略与营销协作，任何产品进入市场都存在较大难度。为此，中小企业需要建立良好的营销策略，创新营销观念，加强对研究开发人员、生产制造人员、营销人员的培训，促进员工跨部门沟通，提高应对市场风险的能力，提高市场竞争力，扩宽市场范围，为企业创造良好的口碑与企业形象。

3.协调技术、资金、市场之间的相互关系，保持三者之间的良性循环

如果创新活动的主体过多则不利于中小企业的技术创新，因为主体之间行动方法、创新制度、创新目标和创新原则的差异会导致矛盾问题的出现。比如，技术工程人员会觉得自己的身份是技术专业人员，他们的创新目标可能不是经济效益而是技术进步与实现个人价值；营销人员专注于市场销售的成功和盈利能力；财务人员追求低成本与资源的最大利用率等。种种创新活动主体的不同追求可能会引起矛盾，影响企业经营创新的发展。因此，本着实现创新目标的原则，整合各创新主体，协调技术、资金、市场三者之间的关系，加强沟通，实现良好互动与交流，保持三者之间的良性循环，有利于推动企业经营创新的发展。

（五）中小企业经营创新产品营销风险的防范

研究、预测产品创新的风险是识别风险和加强市场风险管理的第一步。营销风险的研究方法有三种：中小企业可以使用内部调查法来识别企业的生产风险、运输风险以及创新产品的质量风险；也可以使用直接调查法来检测创新产品的价值上涨或下跌趋势；还可以使用基于概率论等数学理论的抽样调查法来预测、评估对创新产品的营销活动造成最大影响的风险因素等。

中小企业经营创新产品营销风险的预测方法有两种，分别是定性预测法和定量预测法，主要用来预测风险的影响因素、影响时间、发生频率和影响范围。对新产品的风险评估和市场预测结果，可以作为制定风险管理计划和通过各种分析和评估做出风险管理决策的重要依据。新产品营销需要提前规划、建立制度和分配任务，在营销管理过程中要加强过程监管，实现营销的动态管理，重视规划、指导、监控和协调整个营销过程。

中小企业需要采取积极行动促进营销活动的进行，以尽量减少市场损失。对新产品的营销需要管理者仔细分析环境的变化，以强烈的嗅觉识别潜在的风险和机会，并利用行业和市场知识来评估和预测趋势和发展，不断寻找营销市场与发展机会，发掘有利条件和可能出现的问题，提高对营销环境的应对能力。

四、中小企业经营创新的保障制度

（一）中小企业经营创新内部知识产权保障制度

中小企业可以通过发展业务、努力创新和加大投资多种产品来克服技术瓶颈、推动技术创新。基本上，如果获得经营创新和技术成果的途径是有效的，那么当营业利润达到预期目标时，企业的自主创新也就取得了一定成功。在这个层面上，自主技术创新在中小企业的创新活动中活跃度最高，自主技术创新的成功可以有效推动中小企业成为技术和市场的领先者，有利于企业进行战略转型与长期发展。以技术为基础的中小企业的有利条件主要是基于独立研发新技术并开发、使用与掌握新技术从而产生技术效益。

在保护中小企业通过业务转型成功开发新技术方面存在若干挑战，模仿新技术成果既困难又耗时。然而，宏观环境下科学技术难题的不断进步也提高了解决复杂技术难题的能力，这往往会影响企业保护自身技术的能力。因此中小企业很难只通过技术创新的水平独占创新技术成果，还需要知识产权制度的有效法律保护。从这个角度来看，中小企业的有效经营创新离不开保护知识产权的法律环境。

一方面，中小企业开展自主技术创新的成果通常表现为拥有知识产权。技术是可以被研究、探索与学习的，因此即使经营创新的成果是某一中小企业研发出来的，创新成果也会被其他企业所使用。知识产权保护是防止这种现象出现的有效方法，这也是各国政府进行市场干预的手段。营造一种保护知识产权的环境有利于中小企业进行经营创新，还可以防止与降低模仿率，保护创新技术人员或者企业的收益。实践经验证明，当一个国家或地区对知识产权的保护越严格时，该地的企业在自主技术创新上的平均水平就越高，而企业开展模仿性研发的比率就越低。由此可见，在符合条件的情况下，知识产权保护的力度与企业经营创新的意愿成正比。

另一方面，中小企业开展自主科技创新，其根本目的在于掌握核心技术，获得自主知识产权。而在中小企业开展经营创新的全过程中，自主知识产权发挥着重要的先导作用：中小企业可以通过专利许可、技术转让等多种渠道获得其他企业研发的已有技术的知识产权的使用权，但中小企业如果想要保持可持续的竞争优势，就必须通过持续的经营创新以获得更多拥有自主使用权的知识产权。借助经营创新产生以高新技术为核心的更多高质量的自主知识产权，往往也是新创中小企业能够与行业内大企业相抗衡并能在市场中占据一席之地的重要原因。所以中小企业尤其是科技型中小企业应该把自主创新与知识产权相互联系，从战略高度将企业开展经营创新的过程上升为通过经营创新获得自主知识产权的过程。

中小企业的经营创新和知识产权管理密不可分，且两者相互依存、相互作用、互相影响。首先，经营创新是企业产生知识产权的源泉，企业只有通过自主技术创新，才能产生以新技术为主要内容的自主知识产权；其次，企业通过有效管理和经营创新获得知识产权，并实现知识产权的商业价值，可使企业获得经济利益，不仅可激励企业的经营创新行为，还能吸引更多创新主体主动参与并积极投入经营创新活动中，增加企业的创新投入资源，并进一步扩大企业经营创新活动的范围和领域，从而推动企业的经营创新活动向更高层次发展。高水平的经营创新活动能够产生高质量的知识产权，这属于进行中小企业经营创新以及知识产权管理的正向循环。

中小企业在开展知识产权管理时，对知识产权的有效运营和合理保护至关重要。在运营管理本企业已获得的知识产权时，中小企业除了自主使用，还可对该知识产权进行转让。为避免无效行为给企业带来的不良后果，中小企业应注意实现知识产权的合理转让，主要有两个方面，一是知识产权转让的适时性，二是知识产权转让的适度性。事实上，新技术保留、过早转移或者过晚转移都不适合中小企业的发展。此外，通过适时的技术转移，中小企业可以获得更高的经济效益，这就需要把握技术产权转移的适度性。充分披露并完全转让技术会增加竞争对手或者转让的风险，这对于企业的预期盈利能力没有贡献。相反，中小企业可以通过有选择地、适当地转让技术给合适的竞争对手来帮助其建设团队，这些竞争者不仅不会影响经营创新企业的市场地位，还会激励经营创新企业提高市场竞争力。

在对知识产权的保护上，由于不同的中小企业获得的创新成果各有差异，对其采取的保护策略也不相同。整体而言，中小企业可以选择的知识产权保护模式主要有以下三种。

第一，公开模式。中小企业作为知识产权的创新主体，在一定期限内取得对技术的垄断，主动展示技术成果。企业的技术创新通常涉及专利权，公开模式是企业以非常稳定的法律条款保护其合法所有者权利的一种选择，但也容易不合理地增加超出其控制范围的技术服务结果。同时，中小企业获得权利的成本非常高，因为必须经过严格的行政审查才能获得某些技术权利。

第二，保密模式。这种模式是指企业采用技术秘密方式来保护技术成果，往往为一些知名度较低的中小企业或新创企业所采用。企业获得这种权利无须登记，即无须通过行政审核，可以严格控制技术成果的扩散。中小企业拥有这项技术产权依赖于对技术结果的完全保密，这可能会通过合法渠道意外传播或泄露给他人，导致技术成果公开。如果新的技术产权信息进入公共领域，知识产权所有人的使用权利会受到限制。

第三，混合模式。这是一种以中小企业为技术成果所有者主体，对于技术成果的部分内容进行公开，部分内容进行保密的模式。这样，中小企业可以组合公开模式和保密模式的优点来弥补弊端。这样有利于企业有效控制成果的分配与使用，获得一定阶段内对技术成果的控制权。

公开模式的专利保护效果最好，混合模式次之，保密模式效果最差。在控制技术成果的扩散力度方面，保密模式的效果最好，混合模式次之，公开模式最低，因此各种模式各有千秋。中小企业在对经营创新成果的保护上，应根据这一具体创新成果的特性，结合各种保护模式的特点，来选择合理的保护模式。如果中小企业取得的经营创新成果易于模仿与转移，可以选择技术许可与技术转移的方式。但对于技术上具有挑战性的创新成果，可以采用非公开的方式。对于大多数能够取得新成果的中小企业来说，允许他们在较长时间内拥有技术、管理技术传播的混合方法是合适的。

中小企业选择并采取了某种模式对某项创新成果加以保护后，并不意味着一劳永逸。因为创新的法律状态随着时代和环境的变化而变化。例如，如果有资格的人发现或预测另一家企业将会参与或试图控制该行业的重大竞争，则对方的技术研发成功后也受到专利保护。企业应该考虑申请专利保护以防止他人先申请专利而让自身企业发展受到影响。同时，中小企业通过申请专利保护，可以利用专利权禁止其他企业对该项成果非法使用。一般情况下，当一项由新技术开发的新产品上市后，行业内竞争对手或相关利益者总是设法破解新技术。因此，中小企业可选择一开始采用保密模式，经过一定时期的新技术保护后便将其转变为公开模式的专利保护形式，这可以有效减少企业的新技术风险以及延长技术的独有期限。

（二）中小企业经营创新外部环境保障制度

中小企业的经营创新普遍受到企业内部因素与外部因素的双重影响。就外部环境因素而言，政府政策、技术中介、金融市场以及人才市场等因素是保障中小企业经营创新的重要条件，所以中小企业需要有效地运用这些外部环境因素来确保企业经营创新活动的顺利开展。在经营创新的过程中，中小企业应主动学习、充分利用政府对企业经营创新活动的支持、引导、协调和保护等各类政策，有效借助人才竞争和人才流动带来的优势，在创新的不同阶段，充分利用技术中介、金融市场和人才市场提供的各类创新资源，并从高科技和高技术产品特有的市场竞争特性出发，处理好企业与顾客、竞争者、供应商等各类微观环境的核心要素的关系，为企业的经营创新营造一个良好的外部环境氛围。

在构成中小企业经营创新的外部环境保障制度的诸多要素中，自主创新活动的特性及对资源的要求，决定了政府政策和技术中介是其中更为重要的两类要素。首先，就政府政策而言，由于中小企业的经营创新过程不可避免会存在各种风险，这些风险还会因企业在经营创新的不同阶段而有所差异，所以一个良好宽松的政策环境可以在一定程度上降低中小企业经营创新的风险，提高经营创新的成功率。政府通常通过制定和执行能有效保护最重要的合法权益的规则、法规和程序来保障中小企业的利益，促进市场经济公平、有序运行，为企业有效经营创新提供良好的外部环境，并提高企业经营创新的效率。例如，国家可以通过出台相应的产业政策，通过选择并确定开展经营创新的重要产业或行业，加大政府对该产业或行业经营创新经费的投入，从而让身处这些产业或行业的企业获得更大的创新资源保障，帮助这些企业早日实现经营创新的重大突破。

其次，在技术中介保障方面，技术中介作为中小企业的社会服务体系，能够加强政府监督管理与服务的职能，为中小企业进行技术创新提供创新科技支持、资本帮助和人才培养等支持，在中小企业之间沟通信息、协调产品与需求、提高创新效率与生产效率、降低生产成本与创新成本等方面发挥重要作用，有效保障中小企业经营创新活动的进行与发展。

技术中介保障在技术、资本、人才三个方面的作用主要表现如下。

在技术方面，技术中介通过为中小企业提供先进创新技术与技术成果的转让、支持生产经营技术的发展、帮助培训技术员工等方式帮助中小企业进行创新。将生产技术成果转让并应用于中小企业，在科研机构与中小企业之间优化技术资源配置，能够有效减少中小企业经营创新的成本，提高创新收益，减少创新风险。在中小企业生产过程中，技术中介能够结合不同企业的实际需要，为企业提供产品质量检验、质量问题研究和合格论证等服务，并向企业通报政府方针政策，传递各类市场信息，向企业输送开发新技术、新工艺的经验，不断推动企业的技术革新。

在资本方面，技术中介能够借助风险投资等方式为中小企业提供资本服务，灵活地利用多种工具来帮助中小企业实现筹融资的目的，优化资源配置，分散资金风险，满足中小企业开展自主创新活动时对资金的需求。技术中介的资本服务还能帮助中小企业在技术研发到商业化转化的过程中联系拥有不同优势的各类经济主体，这些不同的经济主体以合约关系为纽带紧密相连，以达成各自以及共同的利益目标为诉求密切合作，充分发挥各自的优势，为中小企业的经营创新各尽其责。

在人才方面，技术中介服务可为中小企业提供经营创新所需的人才储备，帮助企业为经营创新的关键岗位寻找到合适的人选。中小企业相对实力雄厚的大企业，在吸引、培训高水平的人才上并不具备优势，而借助技术中介通过“走出去、请进来”的方式，在尽可能地寻找和吸收优秀人才进入中小企业工作的同时将企业内部有潜力的人才送出去学习，积极参与中介组织的各类人才交流活动，充分利用中介为中小企业和人才搭建的桥梁，不断提高企业的人才建设水平，扩大中小企业备用人才的储备量。

第三节　市场创新

一、中小企业经营市场创新战略

市场创新并不是以开发与应用创新技术为支持的，有的市场创新活动进行起来比较简单。中小企业可选择不同标准的市场创新、不同的创新领域、不同的创新战略。市场的创新空间是非常大的，企业进行创新与发展也有很多机会。每一个市场要素都是可行的创新市场，每一个中小企业也都具备不同的创新潜力。中小企业进行创新不但要抓住创新机会，还要为抓住创新机会创造有利条件。同时，市场创新会受到一系列相关条件和市场环境等因素的制约，任何一个中小企业都不可能在所有的创新领域同时开展市场创新。市场创新要想取得效果，中小企业需要选择合适的市场创新方式，不仅要有好的市场创新领域还要有合适的市场创新点。中小企业在进行市场创新时需要考虑以下六点。

（一）充分发挥中小企业自身的市场创新优势

中小企业在进行市场创新时，必须付出创新成本以引入市场的创新要素，必须考虑本企业自身的资源配置和营销能力，避免因舍弃原有优势条件而付出更多成本。为了保持市场创新活动的可持续性以及抓住创新焦点，中小企业要充分利用现有资源，发挥出现有的市场创新优势。例如，使用现有生产设备进行产品创新，使用现有技术开发新的产品，使用原有品牌推出系列产品等。当然，对于不同的中小企业而言，产品技术效益、产品品牌效益、产品包装效益、产品价值效益、中小企业形象效益、市场路径效益、市场推广效益等不同的市场创新效益各有不同。因此，要充分发挥中小企业自身的创新资源优势，选择适合自身发展的创新市场。

（二）要与市场需求变化相适应

中小企业进行市场创新的依据是市场需求，产品和技术只是满足某一市场需求的方式或工具。中小企业的资源和技术优势如果无法适应市场需求的变化，就不是真正的优势。产品再优秀、生产技术再先进，不适应市场需求，就无法实现市场效益的转换，也不能开辟新的市场。因此中小企业进行市场创新必须以具体的市场需求为基础。

（三）要量力而行，确定适当的市场创新度

每个中小企业的竞争优势、市场地位、资源条件以及市场价值各不相同，因此所采取的市场创新战略也是不同的。中小企业在选择市场创新目标与创新范围时，要以本企业的创新实力为基础，衡量适合自身发展的市场创新度，不要选择市场开发可能性小且市场竞争激烈的市场创新领域。并不是所有的中小企业都能在现代的多元化市场中进行创新，而市场创新所能做的远不止这些领域，中小企业进行市场创新的重要前提是要量力而行，确定适当的市场创新度。

（四）要抓住有利的市场创新机会，适时进行市场创新

在某些市场，新产品与现有产品相似。这个市场的新产品可能是其他市场的旧产品。即使是新产品，短时间内也可能不被市场接受。由于新产品是新市场的要素之一，完整的新市场还要新的客户、新的市场需求、新的市场环境与新的市场目标等。因此，中小企业需要适时提供新的产品或者新的服务。同时，中小企业需要狠抓经验积累与技术研发，不断开发新产品与新服务；中小企业也要充分进行市场调研，了解客户的需求变化与市场发展趋势，要抓住敏感信息，抓住创新方向。只有这样，中小企业才能立足于市场需求的现实中，走在市场前沿且不脱离市场发展方向。企业需要充分考虑各种市场因素与创新问题之间的联系，充分利用创新优势，抓住创新机会，进行市场创新。

（五）集中资源优势，实行重点创新

单个中小企业可能会同时开发多个潜在市场，这对于中小企业来说再有利不过，如果这个中小企业产能有限，又想在更多领域进行市场创新，这就会削弱该中小企业的创新力量，影响总体创新战略的实施，创新战略可能由此走向失败。选择一个市场创新点，需要清晰地认识到市场创新的方向与市场创新的目标，聚焦中小企业创新的

主要力量进行市场创新,优化创新资源配置,提高创新效率,保证实现中小企业的重点市场创新目标。

（六）利用创新资源优势

中小企业可以通过发掘创新焦点与可创新的范围,对现有技术与产品进行系列创新、连续创新和创新技术转移等,从而减少创新成本和提高盈利。中小企业在技术创新过程中要关注不同市场创新问题之间的关系,充分分析与掌握市场创新领域的不同维度与创新组合,选择符合市场发展的创新焦点,实现多范围、多领域的创新。对处于不同发展阶段、不同领域的市场实施不同的创新策略。总体而言,市场开发阶段要以技术为主导;市场进入阶段要以需求为主导;市场成长阶段与市场成熟阶段要以产品为主导;在市场衰退阶段要以顾客为主导。在不同的阶段利用不同的创新资源优势,从而实现消费者数量与市场范围的稳步增长。

二、中小企业经营市场创新的协同创新方式

（一）中小企业与高等院校、科研机构之间的协同创新

中小企业与高等院校、科研机构之间的协同创新往往围绕着为中小企业的创新提供各种资源展开。高等院校及科研机构是技术、人才的战略高地,对于技术、人才等资源相对匮乏的中小企业而言,能够通过与其合作获得既包括人才,也包括高新技术、研究成果等创新资源的供给。中小企业可以逐步实现从单项技术引进向利用高等院校及科研机构的人才、技术、管理方法开展技术合作创新等方向的转变,从此形成相对稳定的长期合作关系,提高中小企业的技术创新能力。

（二）中小企业与政府之间的协同创新

在政府与中小企业之间的协同创新中,两者分别扮演服务者与被服务者的角色。政府作为服务者通过履行宏观调控、财政支持、协调资源配置等职能,为中小企业打造完善、统一、协调、有序的市场环境以及公平的政策法律环境,为中小企业进行技术创新提供有效的服务与支持。

（三）中小企业与社会服务体系之间的协同创新

社会服务体系主要包括管理咨询机构、中介机构、金融机构等。在后金融时代,很

多中小企业出现了资金链断裂的情况，从江浙等地出现的"企业家逃跑"与"民间融资诈骗案"等现象可以看出，中小企业无论是通过正式渠道融资还是通过非正式渠道(即地下或民间融资)，都面临着很大困难。"融资难"已经成为制约其技术创新甚至发展的"老大难"问题。协同创新体系可以建立中小企业与社会服务体系之间的合作伙伴关系，金融机构、中介机构等可以为中小企业建立和完善融资体系以及风险制度，帮助中小企业减轻融资压力。

中小企业不但存在"融资难"的问题，还存在行业间信息缺乏、管理模式落后、管理低效等问题。管理咨询机构与中介机构通过与中小企业协同创新，能够为中小企业提供咨询与服务，比如，提供创新信息、技术咨询、技术指导与人员培训等，帮助中小企业提升市场竞争力。

中小企业在协同机制的驱动下，与协同创新系统中各主体开展良性互动，进行协同创新活动，最终能为中小企业带来明显的竞争优势。

第四节　营销创新

一、中小企业有效经营创新的营销方法研究

(一)营销观念创新

全球化经济背景下，中小企业需要对营销观念进行创新来迎接机遇与挑战。中小企业在营销观念创新中要做到以下几个方面：首先，认识到知识营销理念的重要性，倡导科学营销；其次，不断改善品牌和品牌之间的关系，促进客户与企业之间的互动，在进行营销活动时充分使用营销工具；再次，营销理念要有创意，中小企业管理者必须首先提出创新理念，并在营销人员提出创新性的想法时提供支持和认可，这有助于营销人员高效地工作；最后，营销人员开展营销活动，必须树立先进的营销理念，不断学习与应用先进的营销理念、营销技术与营销工具，进而提高企业营销额。

1.情感营销观念

情感营销观念是指将营销重点放在情感包装与推广、情感广告与词组、情感共鸣

与设计上，以此来满足顾客的情感需求，进而达到营销策略与目标。情感营销能够激发客户情感、需求与灵魂的声音，使得企业在激烈的竞争中脱颖而出。随着社会经济的发展和人民生活水平的不断提高，企业营销也发生了变化，从理性层面走向了感性层面。情感营销在企业营销中也脱颖而出，越来越受到客户的青睐。

2.全球营销观念

为适应全球经济一体化的发展与变化、增加全球市场竞争力，国内大型企业正在逐渐缩小行业与全球市场的差距，全球营销概念逐渐兴起。全球营销是企业制定全球性营销策略以获得竞争优势的行为。全球营销是从确定营销目标、市场定位、选择策略以及营销手段开始的。开展全球营销的企业在评估全球经济市场和制定全球营销策略时，应该把眼界放得开阔一点，着眼于全球，而不应有国界的限制。

3.知识营销观念

知识营销是指企业将有价值的知识信息传递给潜在用户，从而让用户对企业品牌和产品形成认知的营销行为。企业可以传播的知识信息包括生产与产品知识、行业研究成果、经营理念与企业价值观、管理理念与企业文化等。

（二）营销方法创新

网络的出现与发展，切实改变了人们的生活，随着企业营销方式的逐渐转变，传统的营销方式已经不适应市场发展，新的营销方式亟须出现。

1.柔性营销

柔性营销指的是企业及时、灵活地根据客户需求改变营销策略的方式。这种营销方式是以实现客户需求为核心的，能更好地适应市场趋势，通过人性化的管理机制，可以激励与调动员工积极性，使得企业能够以灵活的思路和方法应对不同的用户，更好地了解他们的不同需求。

2.零库存营销

零库存营销指的是先与客户确定订单，然后进行生产的方式，与传统营销方式相比，它更具有灵活性、可定制性、成本低、风险小、效率高，以及人性化的优势，可以有效帮助营销人员了解客户需求以及市场变化，提高营销应对能力。

3.事件营销

事件营销是企业通过具有媒体价值、受欢迎和有影响力的人物或者事件来提升品牌知名度和增加销售额的一种方式。它具有目标准确、明确，营销信息多样等特点，可以有效吸引社会媒体与消费者的关注。

4.卫星营销

卫星营销是一种比喻，即把中小企业比作行星，它们围绕着大型企业（恒星）存在和发展。中小型企业与大型企业合作发展，互惠互利，打造大型企业联合开发中小企业的模式。这种营销方式使得中小企业更容易利用大型企业的品牌和市场打开市场、提高营销额，同时中小企业也可以支持大型企业的产品开发、制造与服务。

5.缝隙营销

在与大型企业进行市场竞争时，中小企业的优势太小，因为缺乏资金、技术和人力资源等有利因素。中小企业需要有效规避与大型企业直接竞争带来的重大风险，开发大型企业占据份额较小或者因为自身特性无法开发的市场，进行缝隙营销。

6.共生营销

中小企业与大型企业相比，市场优势较小，一些中小企业可以团结起来应对市场波动，这可以为单个中小企业的长期业务发展带来良好的发展前景。中小企业协同营销能通过结合中小企业自主经营，实现项目竞争的资源配置和整体价值提升，有效实现中小企业的营销价值，提高营销创新效率。

（三）营销策略创新

1.了解消费者偏好，创造独具特色的感性设计

消费者需要在生理和心理上“满足最大化”，其中更重要的是心理上的满足。这种消费需求对中小企业提出了更高的要求，要求中小企业认真地研究不同层次消费者的特有心理，了解他们的特色需求，从中找到某种能满足消费者需求的象征事物，然后通过别具一格的感性设计使产品具有某种独特的情感、情趣、氛围和魅力等，并以感性的力量去打动、诱发、唤醒消费者的购买欲望，从而引导消费市场，甚至引领消费潮流。

2.以商品的情感特色，引导消费，创造需求

消费者所购买的感性商品是一种能诱发其心理共鸣的商品。对这种商品的购买欲望在一定程度上取决于商品的诱导性，这就为中小企业创造了诱导消费的有利条件。中小企业要用“用户消费，创造需求”的营销思想，站在有利于社会和中小企业发展的角度，把“什么样的商品才能诱发消费者的需求”的营销目标作为立足点，积极主

动地引导消费者跟着自己走。这就需要中小企业改变营销方式，通过情感意识引导、产品诱导、促销诱导和服务诱导等有效形式，引导消费者的消费观念，使消费者接受新一代产品，同时开发消费者的潜在需求，创造出新的需求市场，从而掌握市场营销的主动权。

3.把握市场脉搏，搞活经营

由于感性消费追求个性满足，追求时髦新颖，而且感性消费具有一定的诱导性。所以，中小企业要注意消费需求发展的新动向，把握市场运行脉搏，看准形势当机立断组织生产，并立即投放市场。

（四）营销管理创新

1.加强柔性管理

传统的营销管理系统存在管理者与被管理者之间双向沟通缺失的弊端。管理者们使用各种法规和严格的指导方针来管理营销，管理者无法及时获取管理系统中的问题或需要改进的信息，这导致中小企业营销管理效果不理想。知识与信息化在营销管理系统中发挥着重要作用。在中小企业营销管理过程中被管理者需要及时与管理者进行信息交流，以确保营销人员的有效参与，这也可以提高被管理者的创造力与工作热情。中小企业管理者与被管理者之间的顺畅沟通能够激发营销人员的主观能动性，加深营销管理者对营销人员的了解，帮助管理者实施人力资源管理和营销的创新发展。

2.重视整合营销

整合营销指的是根据市场环境，结合各种营销方式、产品的特点以及消费者的实际需要，积极整合各种营销方式和产品，以满足市场需求和业务发展需要。营销管理系统要求中小企业根据商业价值和客户需求，改进营销管理方式，有效整合营销策略和营销资源，实现营销价值。通过不同营销方式的自然组合，企业可以根据市场需求及时优化战略行动，实施营销创新，为自己的营销活动选择合适的营销方式，增加销售额，提高企业竞争力。

3.协调企业内外部关系

中小企业的生产经营需要有效提升自身综合能力，不仅要关注自身的生产能力，还要关注社会需求，统筹公司内外的经营管理，有效把握市场动向，敏感捕捉客户需求信息，确保企业的商业价值并利用生产和销售流程实现消费者需求的正向平衡。此外企业加强协调内部和外部关系可以有效地完善业务，从而通过准确识别和深化客户需求来帮助发展业务，创新营销活动。

二、中小企业有效经营创新的营销策略研究

目前有的中小企业忽略了品牌定位，只重视产品生产与制造，通过扩大产品经营范围来提高利润，而忽略了品牌的塑造。从长远角度来看，这种营销方式与思路并不理想，它只能带来短暂的业绩提升，不利于提升企业品牌价值。因此，各中小企业需要有明确的品牌定位并通过科学有效的营销策略来增加产品附加值，建立品牌价值。

（一）整合并优化品牌资源

在整合和优化品牌产品的过程中，企业首先要快速对供应链的各个环节进行分类，包括产品生产、产品销售、过程控制和客户服务，建立企业品牌与企业形象。打通优势品类与供应链环节的目的是让企业摆脱“低价商”和“批发商”的形象，建立优质、高端的品牌形象，促进企业与产品长期发展。产品和服务与企业的市场竞争力直接挂钩，这是实现与保障品牌价值的前提。除了资源整合，优化网络技术资源也是树立企业品牌所必须进行的营销策略之一，通过网页设计、优化细节、虚拟购物环境设计和客户关系管理，改进网络技术资源，促进与培养企业品牌形象。

（二）多角度地满足用户需求

1.购物氛围

在线购物氛围是企业可以关注并满足的客户需求，良好的购物氛围可以激发客户的购买欲望，提高品牌知名度。

2.服务

服务质量是衡量一个企业质量的重要指标。良好的服务有助于企业有效地宣传他们的品牌。服务通常包括产品描述、客户服务行为、界面设计便利性、服务交付、售前、售中和售后服务等方面。

3.性价比层次

为客户提供优质、优惠的产品，有助于推动客户接受并认同品牌。

（三）建立品牌管理团队

一个优秀的企业品牌管理团队是企业品牌成功的基础。同时，企业品牌的抗风险能力是团队的基础，优秀的综合管理团队是企业营销成功的基本保障。

三、中小企业有效经营创新的营销新模式

(一)线上线下模式相结合

随着技术与时代的发展,互联网已进入人们生活的方方面面,被称为新的产业驱动力,尤其是中小企业,进行互联网营销已经成为主流。然而,一些企业依旧在发展中遇到很多问题。互联网以其便利、高效的营销方式和巨大的市场潜力吸引着传统线下企业进行转型,传统线下企业的主要经营渠道是线下,再发展线上渠道容易影响当前的经营渠道。有的企业发展线上经营更加便利,线下渠道发展不足,没有竞争优势。考虑到资源配置、信息共享、时空限制、市场需求与顾客需求等层面,线上经营在推广与宣传渠道上更为高效、便捷。但通过分析不同企业经营模式与不同的品牌发展,未来线上线下相结合的经营模式在企业营销方面更有优势,也更有利于推动企业长期发展。

(二)打造"互联网+品牌营销"

互联网不仅是营销的工具和手段,更是一种精神,"互联网+品牌营销"的精神包括4个方面:颠覆思维、转型思维、融合思维和人性化思维。运用网络精神和思维方式,打造完整的产品品牌以及营销环节,从产品层面到文化和精神层面创新品牌营销,创造新的营销理念,提高产品销售额,赋予产品品牌活力。互联网经济下,品牌营销正在发生翻天覆地的变化,打造出高知名度的品牌,是每个互联网公司都想做到的。中小企业提高品牌知名度可以从以下三个方面入手。

1.突出社会价值

现如今品牌营销就是一个发现价值、传递价值和收获价值的过程,基于互联网时代的信息量巨大、信息传播效率高等特点,客户与企业之间的交流更加高效、便利与全面,企业还可以通过大数据分析挖掘客户的需求与喜好,客户也可以通过互联网发现企业最新的活动与产品。一个品牌的价值可以体现在以下两点上:第一,满足客户需求,包括生理需求、心理需求、教育需求和功能需求;第二,实现企业的营销目标,可以传播品牌形象、提高企业销售额、扩大企业影响力、回报社会等。经过价值挖掘和策划,品牌的营销价值能够体现在公司的整体形象中,突出品牌的社会价值。

2.把握用户需求

妥善处理问题与把握用户需求是“互联网＋品牌营销”的核心。当一个产品的内容设计可以解决用户的使用需求与问题，加上产品广告独特并且富有创意时，它很快就可以与其他品牌有所区别并脱颖而出，这可以是中小企业营销时进入市场的途径之一。

3.做差异化营销

差异化的品牌营销策略就是：做出被企业第一时间洞悉的，有潜力却还没打开市场的产品；建立团结的、高效率的营销团队、新颖的营销方式与广告台词、不同的经营模式等。差异化营销有利于客户加深对品牌的印象，并成为粉丝支持品牌。

第五节　产品创新

一、中小企业产品创新面临的问题

中小企业相对来说发展比较快，热门行业与冷门行业都有涉及。近年来，中小企业的客户的每一次招标集采都是以价格比重为赢得中标的前提，因而众多的中小企业不断以低报价来迎合客户的招标。降价战略的持续使得各行业中小企业的领导者不断制订定价战略，这实际上是一种负向的博弈。中小企业可以压缩成本生产，但产品质量的下降也会给工程和维修部门带来一定的负担。自相关设备集中采购以来，大型制造企业也把精力放在降低成本上，其技术优势在逐渐丧失，随着和中小企业不断地进行价格博弈以谋求中标，就没有过多的精力和资源投入新产品研发中去。随着时间的推移，大型企业的新产品开发率在下降，中小企业又没有开发新产品的意向，影响了行业内正向发展，不利于中小企业的长期发展。

二、中小企业产品创新模式的构建与方案

（一）广开投资渠道，增大创新资金的投入

适当的资金投入是成功创新的基本保障。对于在产品和技术创新中生存和发展

的公司来说,增加资本投资会对他们的创造力产生重大影响。中小企业的资金需求往往表现在三个方面:新产品开发的投资、扩大生产规模的投资、产品创新失败的投资。为了保持下一个产品的创新水平,企业需要新的资金保持持续盈利。企业需要在发达国家投资开发先进技术,中小企业可以发展新的金融体系,与科研院所、大学、资本公司、同行等建立发展伙伴关系,创造多层次去中心化的投资流程,创造投资多样性。投资者非常重视他们投资的地方,加强引进技术优化、整合和再引进能力,增强科技成果转化为实际生产力的能力,利用创新技术成果降低产品价格和新产品实现资源再利用。

(二)转化人才战略观念,完善创新激励机制

科学技术是第一生产力,人才是科学技术发展的载体。企业拥有人才更有利于短期与长期发展,因此企业需要关注对人才的投资与培养,以提高企业的整体人力资源水平。可以从以下几个方面入手:首先,加强对技术水平高超、管理能力强、发展潜力大的人才的引入与培养;其次,重视技术工程师与科研人员,因为他们是企业进行技术创新的主力军,企业需要培养与提高他们的创新能力与财务意识,帮助技术工程师与科研人员成为具有技术专长和市场远见的复合型创新人才;再次,企业要重视员工培训,不断培养与提高员工的技术水平和创新意识。企业制定人才培养机制与人才吸引机制要以技术创新为动力,以岗位设计和职业发展为方式,以建立学习型、成长型企业为实现方式,以员工适合岗位、实现员工与企业双赢为目标,培养工作能力突出、对企业忠诚的员工;对于企业的创新激励制度,企业除了使用经济激励还可以采用非经济激励,比如岗位晋升、颁布荣誉、提供学习机会、改善工作环境、提供劳动福利等;最后,企业鼓励技术人员与销售人员一样进入市场,拜访技术机构、行业合作伙伴、产品供应商和客户以及与各类业务合作的企业公司和研究机构,实现技术与技术的直接交流和跨界交流,了解最新的行业发展趋势,利用捕捉到的敏感信息进行产品创新与研发。

(三)加强产品创新管理,增强组织协调能力

众所周知,企业的管理能力对于企业的发展至关重要,创新管理作为企业管理的一部分也需要受到企业的重视。创造力、组织和协调的能力是创新管理必不可少的能力。由于企业的创新活动具有高度的不确定性,可能无法通过既定的执行路线和执行方法进行,因此需要企业有重新组织的灵活性,具体体现在研发创新管理部门与其他部门之间的配合要灵活。在高级管理层的指导或支持下,企业需要建立良好的内外部

信息管理制度，实现高效地交流信息；加强创新过程中部门与部门、企业和客户之间的沟通、协调与配合；加强企业与先进技术研发部门、高校和科研院所间的交流与合作；通过技术许可实现技术转移；作为高校、科研院所等进行社会研发的公共平台，促进与中小企业之间的技术转移与资源共享，中小企业也可以提高科研效率和开发投入。

（四）加强企业的信息化建设，促进企业现代产品创新发展

创新是技术生产和市场管理的结合，中小企业进行产品创新需要技术信息和行业内市场情报。在互联网时代背景下，信息化建设在中小企业发展中发挥着重要作用，与企业核心竞争力密切相关。因此，企业加强信息化建设，引入先进的信息设备是非常重要的，这有利于企业进行产品创新。

1.建立内外部信息管理制度

外部信息包括市场技术信息、金融信息、商业信息、消费者需求信息等与行业竞争有关的信息以及政府公布的政策法规等；内部信息包括各种投资资源和创新项目开发信息等。

2.建立专利分析数据库

查找并了解各个国家与专利有关的信息，减少企业对创新活动研究的次数，并对了解到的专利信息进行分析、总结与预测，生成相关报告以便企业制定战略。整理和分析收集到的各种数据，提高数据处理和利用的效率与精确性，为企业进行创新活动提供参考，提高战略转型效率。能充分利用互联网是企业的基本能力，因为互联网是中小企业获取信息的最快方式。它可以帮助中小企业的销售人员建立一个反馈网络，并能敏捷获取高校最新研究成果。

中小企业还可以实时关注国家和地方政府的政策动向，了解优惠政策，合理申请政府资助，与有实力的科研机构合作，更新以大学为基础的研究模式，进行产品创新研究，建立专利分析数据库。

（五）引进先进设备，保证产品质量

企业的制造水平是至关重要的，它是提高创新产品的质量与效率的基础，也是研发新技术，引进与应用最新技术的关键，有的中小企业生产流程与生产设备陈旧、生产设备等级较低、缺乏先进的生产技术和管理制度，严重限制了企业的制造能力与效率。高性能的设备和严格的监控系统，与高品质、高标准的设备相得益彰。因此，中小企业需要加强生产监管，引进并使用先进实用的工具，提高制造水平。

（六）加强公司的市场营销能力

企业经营成功与否在市场竞争中是可以体现的。中小企业的创新发展战略要以市场需求为导向，不断提高自身营销能力。

1.准确的市场研究

产品创新成功的关键在于研发新的产品和所研发的产品能够满足消费者的需求。中小企业生产经营模式小、资源有限且研发能力较弱，因此市场竞争优势不大。精确地抓住客户群体、锁定消费市场是中小企业产品创新获得成果的关键。由此可见，企业在推出新产品之前，需要进行细致、深入、准确的市场调研，分析与总结客户的不同需求，关注市场趋势与同行业竞争者的发展情况，寻找创新产品的有利条件。

精准分析用户需求，也可以促使企业为现有产品进行改进与升级。因为对于消费者来说，他们需要的产品可以分为几种类型，不同的类型可以进行系列化归类。对于系列化产品进行创新的关键在于全面地设计、增加产品的附加值，可以对产品功能组件进行删减或者修改，升级的目的是充分满足消费者的需求。

2.销售服务方面

投资限制和企业规模阻碍了中小企业与大型企业在产品定价和广告营销方面进行正面竞争。但中小企业并不是完全没有竞争优势，由于大型企业销售的产品更多，服务的地点也更多，为了从服务中获利，就需要较大的人力成本与物力成本，中小企业因为自身的特点，在人力资源和物力资源的某种组合中可以创造自身的竞争优势。因此，中小企业需要提高销售能力以及服务水平并以此为发展业务的前提。中小企业一方面需要快速发掘不断变化的客户需求并满足客户不断变化的需求；另一方面可以制订提高服务绩效的技术方法和服务质量衡量标准，准确地满足客户提交的服务要求，并严格执行服务标准。

3.网络营销策略

网络营销策略是指在互联网和计算机通信上为达到营销目标而进行营销的策略。中小企业的创新产品存在品类多、产品更新快的特点，如果使用传统的营销方式推广产品，成本比较高。因此，网络营销策略可以在控制营销成本的情况下扩宽消费群体范围，加强跨平台互动，也能够有效提高营销效率。

（七）对于产品的改进与完善

1.成熟产品的改进

有的产品已经非常成熟了，对于这样的产品也可以进行改进与完善，在满足产品生产标准以及性能需求的基础上，通过改进结构和优化工艺来降低生产成本。还可以根据产品销售的不同消费群体，准确分析与锁定客户对产品特性的需求，采用组件和比较优势功能模块简化或取消部分结构与功能，降低产品材料成本与生产成本。通过以上改进可以有效提高产品的价格竞争优势。对于产品性能与组件的改进，以满足客户功能需求为基础就可以。目前该方案已被多家厂商采用，简单有效。

2.产品的系列化设计

中小企业可以对客户进行调查与回访，深入了解客户对产品的各种需求以及使用体验，根据客户的建议对现有产品进行更新迭代，满足客户的新要求，完善产品结构与功能，优化与美化产品。对现有产品进行更新迭代有两方面优势：一方面通过对产品设计与工艺的优化提高产品的使用感与审美性，给客户新的体验；另一方面可以降低现有产品的生产成本，提高利润。

3.对产品的使用范围进行重新定位

思维的局限性使得大部分人觉得一个产品只能在特定的时间与场合内使用，这就严重限制了产品的使用范围。事实上现有产品也可以被应用在新的领域，这样就扩宽了产品的使用范围。比如，户外产品除了满足户外防护，也可以在合适的室内使用，或者在室内同种属性环境中使用，如地下室、下水道等。同时还可以跨行业扩展客户进行产品消费群体转移，这也意味着产品的使用范围被重新定位。

第六节　技术创新

一、中小企业技术创新困境分析

（一）市场竞争问题

1.资源竞争：价格不断上涨，短缺约束加剧

近年来国际市场上能源相关商品和资源（原油及其衍生品、电力等）价格上涨，我国传统制造业的研发成本和制造成本持续上升。大多数大型企业虽然开发了各种技术，但也无法为成品油等昂贵原材料的价格降温。为应对全球市场环境的变化，我国

的能源产品价格上涨，这也使得中小企业生产成本增加，在经营状况未获得改善的情况下，利润不断降低。

2.劳动力竞争：劳动力要素短缺，用工成本不断上升

最近几年内地经济发展态势良好，中西部劳动力越来越多地回流到内地，部分沿海地区企业出现劳动力短缺征兆，中小企业劳动力成本提高较为明显。根据我国中小企业协会发布的数据，2018 年一季度我国中小企业发展指数为 93.2，劳动力需求指数为105.1。2021 年一季度我国中小企业发展指数为 87.5，比 2020 年四季度上升 0.5 个百分点，连续 4 个季度保持上升趋势，处于 2020 年一季度以来最高位，劳动力指数 105.4，劳动力指数相对于 2018 年一季度上升 3 个百分点。受中小企业发展影响，劳动力供需都有下降，供给下降幅度较大，普通劳动力、技术工人以及大专以上毕业生供需都出现下降。这可以看出，中小企业“用工荒”现象比较严重，劳动力成本压力没有得到缓解。

（二）中小企业自身问题

1.中小企业创新意愿淡薄

技术创新具有投资回报不确定、投资回报周期缓慢、成本高的特性，种种特性也削弱了中小企业创新的积极性与创新动力。大部分中小企业的经营策略都是选择投资回报周期短、收益效率高的传统业务，这也导致中小企业在经营过程中容易因产品没有更新迭代、不适应市场需求，而陷入经营困难的局面。中小企业并不是没有意识到创新的重要性，但囿于发展实力不足只能止步于此。

2.中小企业缺乏创新原动力

中小企业的发展与经营具有不确定性，缺乏新的吸引和培养人才的途径，而创新人才大多偏好薪酬稳定、发展道路理想的大企业，这也使得中小企业容易创新人才缺乏。此外，由于中小企业的融资渠道较少、间接融资渠道低效、投资体系不成熟，政府更注重科学研究和实践教育的机构，对于中小企业创新活动的支持力度不足。以上原因使得创新型中小企业的技术研发和融资多是自我发展，不利于创新成果的获得。

（三）融资约束问题

1.融资渠道闭塞

据统计，我国中小企业的平均经营时间只有三年，大多数中小企业始终处于破产边缘。60%以上的企业因资金流动不稳定、资金不足而陷入破产危机，最终走向破产。

在当前全球金融环境与央行货币政策的大背景下，商业银行与各金融机构并不看好投资风险高、收益不稳定的中小企业，而中小企业没有足够的资金就无法建立成熟的风险投资体系，也无法改善经营问题。政府目前正在鼓励金融机构积极为中小企业提供贷款服务，但中小企业自身的问题依旧影响着金融机构的投资偏好，中小企业的融资渠道依旧闭塞。

2.银行信贷困难

商业银行在发放贷款时通常偏好信用报告完整、真实、担保良好、盈利稳定、易变现的合作伙伴。然而，中小企业相对来说规模较小、企业成立时间短、资金流动不畅，信用报告的出具往往不利于商业银行发放贷款。鉴于我国商业银行目前的状况，商业银行向中小企业贷款的风险远高于利润，中小企业不良贷款占比高，容易影响商业银行的长期收益与发展，这也是中小企业难以从银行筹集资金的原因。

二、中小企业技术创新的对策建议——政府扶持角度

（一）政府引导和激励中小企业技术创新

1.适度加大政府扶持力度

政府扶持可以有效促进中小企业的技术创新活动，技术创新实际上是创新参与者与社会共同发展、共同获益的，这也是政府扶持的必要性的体现。我国在建设创新型国家方面取得了一些进展，但距离发达国家的创新活动开展还有一定差距。中小企业和金融机构都可以参加创新活动。政府还可以培育具有竞争力的中小企业，重点支持研发投入大、创新技术强、成长潜力大的中小企业，打造具有竞争优势的中小企业进行创新活动，激发其他中小企业的创新热情。此外，随着政府对于创新活动扶持力度的增加，准确识别、管理和评估中小企业并提供不同程度的支持也很重要。在中小企业面临严重资金困难时，收集和总结中小企业市场环境、研发能力等具体的、准确的信息，避免创新资源配置不均的现象，能有效引导和激励中小企业开展技术创新活动。

2.创新政府扶持方式

现阶段政府扶持方式有很多，包括专项资金、补贴、奖励、税收优惠、资助物资和投资入股等。此外，政府对中小企业创新的支持可以通过各种制度措施来稳定。政府还可以适当调整经济政策激发中小企业创新活力，通过经济与政策相结合的方式为中小企业进行创新活动营造发展环境。例如，减税和免税、政府采购订单的发布、新专利法

的制定、人力资源开发机制的发展等，都可以为中小企业创新活动创造良好的发展环境。

政府扶持方式的创新可以通过三种方式实施：事前监督、过程扶持和成果激励。为实现这一目标，事前监督需要政府构建中小企业信息披露系统，成立专门的监督与管理部门，通过实时调查中小企业的创新能力和发展情况，准确制定扶持政策。此外，成立的监督与管理部门要密切关注中小企业扶持资源的具体使用和创新活动的具体发展，以便政府了解扶持数据的真实性和准确性。过程监督需要政府监督技术创新活动中的项目开发，监督中小企业进行创新活动以及后续的具体开展情况；成果奖励需要政府在中小企业获得创新成果后，根据创新成果对社会以及行业的影响，给予企业不同程度的奖励，如可以采取技术共享、奖金支持、人才培养、设备物资援助等形式。除此之外，政府应扩大扶持机制和渠道。例如，政府可以借鉴发达国家的成功经验，帮助中小企业进行创新活动以及创新成果转化。对于中小企业，政府可以通过提供政府订单或加入国内研发人员的方式，提供技术与人员支持，加强中小企业的研发能力；政府还可以促进中小企业之间的技术沟通与创新成果共享，建立行业交流社区，拓宽中小企业信息渠道等。

（二）加强定位和重构政府扶持中小企业创新的职能

1.发挥市场在资源配置中的决定性作用

政府也可以发挥市场在资源配置中的作用，通过落实政策和规章制度调节市场机制，推动创新资源优化配置，激发市场公平竞争机制；加强政治稳定性并提高投资回报的可预测性；通过政策调整市场标准，推动创新成果的转移应用；认识到运营安全、行业大环境、产品质量和网络接入对于推进技术、发展市场和促进新技术使用的重要性。从技术创新的角度来看，政府应该平等对待各类企业，给予不同的支持。政府还要通过经济、行政、法律等手段打破垄断循环，为中小企业创造公平、健康、流动性强的市场环境。同时规划市场准入流程，消除以往各种形式的差别对待，提供公平竞争环境，强化市场监督与管理体系，让中小企业在市场经营过程中合法合规、自主积极经营。政府也可以采取措施扩展中小企业融资渠道，推动中小企业创新资源配置效率。

2.明确政府职能定位

作为中小企业创新环境中最大的纽带，政府部门扮演着社会公共事务管理者的角色，政府部门利用自身强制性特征直接或者间接干预创新活动。政府对科技创新活动的支持一般通过营造良好的政治环境和合理配置社会资源来实现，包括但不限于配置研发经费、科学研究、公共财产和中小企业研究成果等。为了支持设备、技术共享和数据共享等创新，政府需要保持有针对性的支持活动，创造多样化和灵活的环境，并证明其在创新网络中的作用。尤其是政府需要实时发现和应对行业各方面的创新技术变化，找出技术进步的预期方向，主动引导中小企业的创新动力和创新趋势，给予中小企业一定的创新决策自由。

（三）完善和扩展企业创新的融资渠道

1.降低政策扶持门槛

确认政府对中小企业创新活动的支持比例有利于建立可持续的、适用性强的、可构成良性发展的扶持资金计划，这就需要政府切实建设当地经济发展大环境。从长远来看，中小企业扶持资金计划有利于优化资金配置，该计划需要各地方政府根据地区的财政状况、可持续增长率来增加资金以支持中小企业的创新活动。政府还可以为各行业中小型企业的资金需求提供针对性的资金援助，降低政府补贴申请率，有效支持各行业中小企业进行创新活动，提高中小企业创新积极性。该计划还从根本上解决了中小企业进行创新活动的经营问题，这需要政府根据本地区中小企业经营的实际财政情况，鼓励其通过项目外包的方式参与相关政府研究和创新项目的竞争。此外，其他金融机构应通过加大信贷支持力度、提供中小企业贷款项目、降低中小企业抵押贷款利率、适当提高中小企业授信额度等方式，鼓励和引导中小企业资源性贷款。

2.扩展中小企业融资渠道

政府还可以帮助中小企业上市，扩大债券和票据融资规模，对发行债券成功的企业和相关中介机构落实奖补政策，扶持中小企业在境内外上市挂牌，扩展融资渠道，帮助有实力的中小企业筹集资金。鼓励中小企业挂牌新三板和证券交易所，推动创新企业完成首次公开招募，解决企业资金链问题，提高企业的市场竞争力。政府通过落实相关政策，帮助企业积极对接资本市场，通过融资、资本证券化等新的融资方式筹集资金。此外，政府可以制定颁布相关政策推动中小企业与金融机构以及第三方资本之间的信息交流并进行合作，让资本向进行创新活动、有资金需求的中小企业转让股票和出售债券。此外，金融机构必须提供专业化、个性化的金融服务，以满足中小企业灵活多样的金融需求。

3.积极配合金融机构来创新融资服务模式

完善与优化对中小企业的金融服务，拓展与创新对中小企业的信贷业务，是金融机构改善信贷结构、创新银行贷款营销理念和风险管理理念的新举措。首先,政府也要积极与现有金融机构合作,优化业务结构、创新完善业务流程,通过互联网、官网、手机 App 等支付处理系统提供多种信贷业务办理渠道,为中小企业提供更为便利、灵活的金融服务。在具体业务服务方面,金融机构可以根据中小企业的特点,提供细致化、专业化的客户管理,存取款服务,信用管理等多种服务,以满足不同中小企业的需求。其次,金融机构也要加大研发力度,研究推广面向中小客户的金融产品和营销模式,提升自身竞争力。例如,加快开发信用数据挖掘产品,加强客户实时挖掘能力,完善客户挖掘模型,实现精准营销;通过与政府的合作,开展信用保证业务,更新按揭保险业务银保模式,扩大客户服务范围。政府还可以运用中小企业投资信息,收集和汇总中小企业需求数据,适当加强政府财政支持和中小企业经营管理支持,采取措施改进其金融服务战略,并为中小企业实施更有效的管理体系。

此外,鉴于中小企业多样化、灵活性的金融需求,政府可以利用自身强制性的特点与金融机构合作为中小企业提供专业、个性化的金融服务。金融机构可以细致化管理中小企业客户,深入挖掘客户需求,进行差异化运营。对于具有行业影响力、安全的、企业信用度高的、社会影响力大的、资产充足的中小企业,金融机构可以标的为优质客户,为其提供更覆盖范围更广的多样化金融服务。定期回访客户的服务模式有利于更好地发掘客户需求,通过这种回访与调查有利于金融机构发掘客户市场价值,不断适应市场环境和完善服务业务,提供更为优质的金融服务。

(四)搭建和营造企业创新的制度环境

1.健全政府扶持监督机制

政府支持是优化中小企业创新活动资源配置的有效途径,政府支持对中小企业创新的影响效果直接体现在政府支持后中小企业创新的成功与否。据有关部门统计,在得到政府支持的中小企业中,有超过 27%没有把政府扶持资金充分投入到企业的技术创新活动中,反而对技术创新投入的资金较之前有所减少,这会影响政府支持的有效性。为提高政府对中小企业创新活动扶持的有效性与中小企业参与创新活动的积极性,政府要成立专门的部门并颁布执行相关法规。在宏观层面通过相关法律法规强制性保障政府扶持资金的专项专用;在微观层面通过专管部门有效监督政府扶持活动与中小企业创新活动。具体可以参考以下举措:一是严格监督和管理中小企业对政府扶持创新资金的申请过程、审核过程、发放过程和扶持资金使用过程,在申请过程中遵循公平、透明、公正的原则。二是设立专门的政府扶持监管部门,该部门遵循分权明确、分工明确的原则，避免徇私舞弊现象的发生。同时监管部门需要不断收集中小企业创新活动与企业运营数据，同时验证上述数据的真实性和有效性，并提交政府决策部门使用。三是建立特殊奖惩制度，接受政府与社会外界的监督，对通过非正当渠道取得政府创新扶持或者没有将政府扶持资金进行专项专用的中小企业依法进行处罚。处罚可以是拒绝该企业的后续扶持请求，并对违反扶持规定的人采取行政行动或法律行动，并收回政府扶持资金和设备等。

2.建立成果验收评估机制

政府与中小企业的数据交流缺乏准确性的问题会影响政府支持的有效性，也是中小企业发展的障碍。数据不对称不利于政府在支持中小企业创新发展的过程中进行公平、公正和透明的支持。只是通过政府机构来实现对中小企业的扶持，并不能保障扶持过程、扶持方式与扶持对象的客观性、公正性以及有效性。政府需要建立有效的监测评估制度，充分发挥发展扶持系统的监督与评估作用，优化创新资源配置，提高创新资源利用率。此外，要有效建立信息披露制度，高效、严格监督审查中小企业的创新信息数据，为政府扶持中小企业创新提供有效保障。各专家组、行业协会等部门之间可以借助大数据技术与互联网平台建立创新成果验收评估机制，该机制可以根据创新扶持力度、社会影响力以及行业影响力对中小企业创新活动与成果信息数据进行收集、整理与总结分析，并对具有推动作用的技术创新进行评级。建立技术成果验收评估机制，可以完善科技成果、对产业产生积极影响并推动技术进步，该评价机制必须足够健全和公正，这需要来自各行业的专家和一线的科研技术能力的支持。政府也应建立健全企业信息披露制度与企业信用审核制度，通过完全公平、公正地建立扶持准入门槛，并全程向社会范围保持公开透明，杜绝徇私舞弊现象的发生。

3.完善企业技术创新信息管理体系

新会计准则的制定与实施，为各个金融机构提高会计信息质量奠定了良好的制度基础。公司会计准则的有效性主要由监管的质量和效率决定。在整个科技创新时期，我国大部分中小企业并没有及时、如实提交相关政府机构所要求的报告，信息披露不够完整、不够及时，缺乏可靠性与参考性。大多数情况下，政府对企业创新过程和商业潜力没有清晰的认识，从而导致信息不准确、政策落实不力等问题。建立稳定可靠的企业创新数据传输系统，具体应由专门的部门建立，负责收集、核实和报告创新的有效信息。尤其是上市公司，证监会、银保监会等相关部门按照会计准则有效收集中小企业创新信息，建立公平公正、开放透明的市场规则，加强对违法违规行为的监管与防控。市场严厉控制侵犯中小企业权益的行为，探索发布中小企业创新活动标准，通过云计算、大数据等技术构建中小企业资源信息库，打造同行评议、同行监督的信息互动机制。完善中小企业信息收集、信息监测、信息分析和信息定期披露制度。

4.积极建设企业技术创新服务平台

科技是创造力的基础，是企业提升创造力的最重要力量。为了有效推动中小企业积极实施创新，政府需要重视社会公益的导向作用，整合各利益相关方，降低启动成本，提供互动空间，为中小企业创新提供所需要的互动支持。政府作为创新者最全面的支持领域之一，通过政府支持和市场驱动的模式，创新教育与服务，提供政策支持与保障。政府还要建立平台为中小企业创新提供创新运营管理、创意人才指导与培训，支持专业化、针对性的创意活动，打造线上线下创意创业，实现各创新要素融合。此外，为促进具有科技价值的创新成果的高效转移，政府需要建立以创新发展为核心的商业发展平台，政府出资促进商业产品和市场服务公司的结合，这个平台可以成为企业与地方大学和各机构之间技术交流的桥梁，推广创新服务与发展科技成果，促进中小企业主体与主体之间的技术转移，推动本地区自主创新成果在知识创造和创业之间的有效转化和产业化构建。

（五）培育和重塑企业创新的主体地位

1.加大创新资金投入，增强企业创新能力

创新对于我国社会生产力和市场经济发展有着重要的推动作用。中小企业作为我国发挥创新作用的主力军，政府需要重视与扶持。各级中小企业都需要意识到提升核心竞争力的关键途径就是进行创新。然而，与具有特定创意基础和业务实力的大企业不同，某些中小企业规模较小，市场竞争力较弱，研发能力较差，创新的风险高。再者，传统创新的收益率会根据市场需求、金融环境、政策导向、市场竞争等各种外部影响因素的变化而变化。此外，没有创新资本的中小企业需要进行资本改革，企业资本的流动不能依赖技术创新，这就凸显了政府金融支持的重要性。政府应为积极参与创新但负担不起创新成本的中小企业提供税收优惠与一定的财政支持。这种支持可以有效激发中小企业参与创新活动的积极性，增加金融层面的创新投资，有效减少中小企业的创新压力。

2.力推企业并购重组进而提升企业综合创新能力

中小企业普遍具有产业集中度低、规模小、分散化、社会化与专业化程度低的问题，与行业内促进市场发展的大企业相比优势较小。目前，具有完整产业链的中小企业较多，但大多规模小、分散化、专业化不足，存在建设一体化、产能过剩、竞争加剧等不利于企业进行创新的问题。推进中小企业整合重组，通过国内外资本市场推动产业链整合，提高资源利用率与企业核心竞争力，优化中小企业产业组织结构，能够有效解决产能过剩问题，优化配置资源，推动中小企业转型升级。加强企业对资源的引导与支持作用，促进产业转型，优化产业结构，利用资本市场提升企业综合创新能力。

3.建立企业信用联动机制，给企业提供创新保障

政府的积极扶持关系到中小企业的发展以及企业信用制度的建立，企业需要根据政府与社会的帮助建立企业信用联动机制。但是，构建信任链并不需要企业、政府和金融机构独立行动，而是需要政府、企业、金融机构三方合作。打通企业法人信用、企业信用环节，构建信用链条，增加信用值。要构建个人与企业之间的信用链，政府部门必须通过政府授权，积极推动立法和制度工作。

4.建立企业创新人才培训机制，进而强化企业内源创新能力

政府应密切关注人力资本和技术问题在中小企业创新发展中的作用。为此，政府需要把培养创新型人才作为建设创新型社会的重要举措来进行战略谋划与变革，特别重视培养创新型人才，充分发挥中小企业家的作用。重视与提升专业综合教育水平，开发适应市场发展要求的新技能、新人才，建立健全具有专业水平的就业体系。此外，政府要对中小企业、科研单位、高校建立人力资源开发流程和创新型高素质人才培养体系，为社会创造力的发展提供新的活力。

第三章　中小企业经营创新案例研究

第一节　成功案例研究

一、调研背景

当新冠肺炎疫情袭来时，全球的企业都面临着前所未有的挑战，承受着巨大的压力。但也有一些人认为，巨大的压力背后也蕴藏着巨大的机会，让具有创新意识的企业从中破茧而出。ABI的首席研究官斯图尔特·卡罗(Stuart Carlaw)说："要想推动变革，就需要大规模的刺激，让企业陷入不得不采取大胆举措才能求生存的境地。而新冠肺炎疫情就是这样的大规模刺激。"他认为，企业的大胆创新和在技术上的投资能够换来制造水平的进步，包括熄灯工厂、智能城市、虚拟工作场景等概念在这一时期都得以进一步发展。事实上，许多企业确实表现出了相当高的适应力。他们采用新的技术解决早已存在的挑战，或者从新的挑战中挖掘出了新的机会。

在新冠肺炎疫情冲击的大背景下，传统贸易的发展举步维艰。传统贸易的交易链条长且烦琐，包括生产制造商、出口商、进口商、渠道商、批发商、零售商。疫情期间国内严格的防控措施对产品的物流配送环节带来影响，造成大量产品堆积、出货困难。后期海外疫情的暴发为外贸企业产品原材料的引进带来许多阻碍，这使得产品的供应链严重短缺，同时还造成物流截停、订单量下降、资金回笼率降低等一系列现实问题。除此之外，疫情期间大量的封闭措施使得企业间的沟通严重受阻，难以挖掘到新客户，老客户的维持也受到影响。

企业面临着严峻的挑战，迫切需要改变传统的贸易方式，优化贸易体系，创新成为企业必须作出的选择，借由先进的数字工具与技术，从线下转到线上，以此度过这次经济寒冬。

传统制造企业在疫情期间由于劳动力、资金、土地、能源等生产要素供应增长受限以及较高的外部交易成本，迫切需要培育增长新动能。2020年1月份，中国制造业采购经理指数（PMI）为51.3％，比上月回落0.6个百分点；2月份，PMI为29.6％，位于全年最低。从企业规模看，中、小型企业PMI为49.4％，比上月回升0.6个百分点，仍低于临界点。从分类指数看，在构成制造业PMI的5个分类指数中，原材料库存指数、从业人员指数和供应商配送时间指数均低于临界点。

因此，传统制造业进行创新发展更加重要。通过对产品设计、生产、管理、仓储、物流、服务等各环节的大数据采集、存储、管理和分析，以数据流带动资金流、技术流、物资流等，从而达到提高生产效率、质量、增强管理能力、降低产成本等目的。

二、调研方案与实施

（一）调研方案

1.调研内容

①企业创新背景。

②新冠肺炎疫情背景下企业发展状况。

③创新与转型概况。

④企业数字化营销工具使用情况。

⑤人力资源、企业文化。

⑥企业经验总结、未来的发展预期。

2.调研方法

首先，调查小组向企业发放电子问卷。不同小组将收集到的问卷数据共同导入构建好的终端数据库，并进行数据共享。

其次，调查小组以线上会议的方式与企业人员进行深入访谈，通过企业一线人员的介绍了解企业在创新转型等方面的具体情况。

最后，汇总整合后续过程中依照企业人员回答而整理的会议纪要，以及对数据库里收集的相关数据进行统计分析后的结果，并进行横向对比得出调研结果。通过对调研结果严密地分析，结合文献调查法，形成具有建议性、指导性、现实性的调研结论。

（二）调研对象以及调研时间安排

调研对象以及调研时间安排见表 3-1 与表 3-2。

表 3-1　新冠肺炎疫情期间调研对象及时间安排表

企业名称	访谈时间	主营范围
郑州恒达造纸设备有限公司	2020 年 7 月 28 日	公司经营范围为造纸设备生产、销售，道路普通货物运输，普通货物及技术的进出口
上海某流体阀门制造有限公司	2020 年 8 月 3 日	经营范围为流体科技、阀门科技领域内的技术服务、技术咨询，生产加工阀门及流体控制设备，销售公司自产产品，从事货物及技术的进出口
山东蚂蚁建材有限公司	2020 年 8 月 4 日	经营范围为销售建筑材料、五金产品、部分机电设备、办公用品、塑料制品、装饰材料等
上海某贸易公司	2020 年 8 月 5 日	经营范围包括从事橡胶、合法安全化学品、轮胎及其零部件、棕榈油、贱金属的批发、佣金代理（拍卖除外）、进出口业务，并提供相关配套服务
江苏某工业用黏合剂制造公司	2020 年 8 月 6 日	经营范围包括热熔压敏胶生产、销售

表 3-2　年末回访时间安排表

企业名称	回访时间	企业名称	回访时间
山东蚂蚁建材有限公司	2021 年 1 月 27 日	上海某流体阀门制造公司	2021 年 1 月 29 日

三、问卷调研结果

（一）调研简述

随着社会的发展和技术的进步，目前的企业外贸模式不再是单靠纯人力去搜寻目标客户，推荐商品。外贸企业越来越注重数字化转型，通过第三方数据库平台来匹配目标客户，实现精准营销。由于新冠肺炎疫情影响，外贸企业面临着“走出去”难和需求减少的双重困境，外贸量受到拦腰式下滑，如何有效地精准匹配客户成为外贸企业需要考虑的重要难题。创新成为帮助外贸企业走出困境的一剂良药，不管是企业自身搭建数字化数据库进行创新，还是借助第三方数据库平台进行创新，都是一种有效的方式。但对于中小企业来说，它们仍面临着不能转、转不了、不敢转的问题，依托第三方数据库平台是一种既经济又安全的选择。

本次调研面向制造业、批发业等传统行业里的中小企业，探究新冠肺炎疫情下企业创新外贸数据分析方法给企业开发国外市场客户所带来的便利，为实现企业创新转型、构建规范的数字贸易市场、完善相关法律法规等提供借鉴与指导。

（二）问卷分析

1.调研对象总体情况

本次调研共收集了 131 份制造业企业的相关数据。其中有超过 3/4 的制造业企业属于外贸生产企业，13%属于非外贸直接相关企业，5%为外贸综合服务平台，2%为外贸配套服务企业，1%为外贸流通企业，其他两家为工贸一体外贸集团、原料药生产企业。

2.调研制造业企业创新情况

对于企业创新转型进程，绝大多数企业都已经或计划进行到实践阶段。在数字化转型的定位上，61 家制造业企业定位在企业重要战略、31 家企业定位在企业重要任务、17 家企业定位在企业工作任务之一、13 家企业定位在例行技术改造工作任务之一，仅有 9 家企业还未曾涉及相关话题。从中可以看出制造业企业对于创新转型的定位不同，但将近一半的制造业企业将其定位在了企业重要战略层面，可见制造业企业对创新转型较为重视。

企业进行创新转型的类型中，131 个制造业企业中有 86 个企业都选择了开展在线交易（以数字化方式销售实体商品），有 23 家企业选择开展数字化产品转型（产品是数字形式的），选择数字化价值链转型企业为 33 家，选择原生数字企业的数字化重塑的企业为 16 家。由此可见，利用数字化开展在线交易为大多数制造业企业的选择。

3.企业在创新转型过程中的瓶颈

企业在推动创新转型过程中遇到的瓶颈主要是缺乏具有战略视野的顶层设计、不知如何有效结合业务制定相关的战略与路线图、缺乏对数字化的认识和意愿、缺乏开放协同的互联网思维和文化。

4.疫情对企业创新转型的影响

在企业看来，疫情对企业创新转型带来的主要影响依次是：加强了企业对数字化的认识和意愿、加快了企业在线业务和线下业务的融合、推动了全社会的数字生态建设、加快了企业使用大数据技术、促使企业明确数字化战略。可见疫情对企业创新转型起到了一定的推动作用。

5.企业未来愿景

几乎所有企业都希望政府在推进产业数字化方面能够提供项目投入补助,1/3 的企业希望政府提供培训服务和技术对接平台。

四、线上调研结果

(一)访谈调研

1.新冠肺炎疫情的暴发给企业带来巨大的冲击

在调研活动中我们发现,受访的企业在不同程度上都受到了疫情的冲击,特别是在外贸业务方面。

以上海某贸易公司为例,这家公司是做天然橡胶的,与之相关的直接产品是轮胎。中国的轮胎在国际市场上也占了较大份额,主要的出口市场是欧美。2020 年 4 月,受疫情影响,欧美的一些国家相继封国,轮胎的出口量直接受到影响,而轮胎生产方作为行业的下游客户,轮胎出口量的下降将直接导致橡胶的采购量骤减。最严重的那几个月相比于同期下滑了 20%左右。

疫情使得港口封锁、航线停运,给交通运输、人员往来带来了极大的不便,从而使企业面临着出货困难、物流截停、订单量下降、资金回笼率较低等现实性的问题。传统贸易在此条件下根本无法进行,因此在企业战略、国家政策等方面进行改变势在必行。

2.传统的客户开发方式成本高、效率低

在对郑州恒达造纸设备有限公司的访谈中我们了解到,之前公司的客户大多通过公司内部的工程师引荐。为了开拓东南亚地区的业务,公司派专门的团队驻扎在当地,团队成员每年要在国外工作三四个月,经过一段时间的开拓,公司最终发现,东南亚地区的市场规模很小,消费量很低,市场需求并不大。为此公司投入了大量的时间、人员、资金,与其开拓的市场规模相比,成本过高。

2020 年初,该公司准备与越南、柬埔寨的一些客户进行业务往来,但由于新冠肺炎疫情的突然暴发,客户无法了解公司的产品情况,工程师无法到当地为客户安装设备,贸易一度陷入停滞。

分析以上案例可知,其一是工程师个人所掌握的信息毕竟有限,无法对整个市场有一个全面宏观的认识，公司在对目标市场没有完全掌握的情况下一头扎进去，浪费了大量的人力、物力、财力；其二是因为企业对数字化工具缺乏运用，疫情带来的交通阻碍直接影响了贸易活动的进行。

江苏某工业用黏合剂制造公司在数字化转型之前同样面临着类似的问题。2015年之前，对于海外市场的开拓，公司只能通过派遣员工不断参加国际展会的方式进行，但往往收获甚微。加上市场竞争激烈，企业未能有效应对，导致发展滞缓。经过深层次的分析，公司发现这一传统方式严重阻碍了海外业务的发展。由此，公司开始寻求突破，急需转型升级。

3.外贸数据可以用来进行市场的动态分析及预测

在对上海某家贸易公司的访谈中我们了解到，该公司实际生产出的产品是需要做一些套保的。在公司生产出产品后，会担心产品价格下跌而导致利润损失，所以实际上会在天然橡胶期货市场上做一些投资。在此条件下，预估市场行情变化就显得格外重要。

这家贸易公司既是天然橡胶的生产商也是销售商。天然橡胶作为大宗商品，价格的暴涨暴跌同样对企业的利润与经营有着巨大的影响，企业需要根据市场的发展预测市场的变化，而外贸数据凭借其自身特点能够给企业带来帮助。之前提到了外贸数据能够使企业在客户开发时更具效率，那么它所拥有的第二个优势——用来进行市场的动态分析及预测，还能够帮助企业更好地应对金融市场的动荡。

4.生产制造线的数字化能够提高企业的生产效益

在产品的生产过程中耗时最长的是哪一个环节？哪一个环节原材料的利用率最低？在车间不同生产步骤中的传送花费了多长时间？在传统的生产车间内可能这些都是未知的问题，而可能正是这种粗线条式的生产导致企业白白浪费了时间、损失了原材料。

实际上，现在很多制造型企业随着生产流程越来越复杂，都在逐步运用先进高端的技术和设备，借助数字化管理系统精细地掌控整个生产流程。

以上海某流体阀门制造公司为例，在生产过程中，所有的产品和原材料都有自己的条码，企业可以监测到对产品实施的任何一项操作，并且生产所花费的时间、原材料的消耗量、单位时间内的生产量均会以数据的形式上传到终端数据库中，从而使公司能精准地把握整个生产流程。

5.新外贸需要新营销，新营销需要新的营销工具、营销思维

依然以郑州恒达造纸设备有限公司开拓东南亚市场为例。在借助外贸大数据这

样一种数字化营销工具之前，驻扎在当地的营销人员坚持泛营销的理念，也就是“撒大网捞鱼”，可与付出的成本相比，收获的结果往往不尽如人意。

企业经理回忆道，当时收集到的 100 条数据里有 90 条是纸厂的信息，但是这 90 条信息里面可能只有 60%是企业需要的，剩下再筛选掉一些质量较低的信息，最后真正符合要求的甚至不到 40 条。企业利用这样的信息进行营销，效率非常低。

随着社会分工越来越精细化，客户的需求往往是清晰、具体的。这时候，如果不更新传统营销观念，不管是对于企业还是消费者，都没有什么实际作用。与之相对的，了解客户的真实需求，结合自身的产品特性精准锁定目标群体才是更具效率的做法。

6.企业要想在竞争激烈的行业里取得优势，要注意多方面的提升

本次调研的主题围绕数字化转型展开，在前面我们提到数字化转型给许多企业带来了好处。在这个信息共享的时代，更多的企业将会理解数字化，并进行创新转型。更加公开透明的市场环境和同质产品多的现状似乎使企业想要在行业内取得领先变得越来越难。在这里我们提出，企业仅仅依靠创新转型当然是不够的，想要保持长久的竞争力，企业应该注意多方面的提升。

在访谈中，上海某流体阀门制造公司提到以下三点的提升是十分重要的。

①创新能力。各行各业都在思考如何在这样多变的时代生存下来，而创新就是重中之重，企业能否拥有过硬的产品生产技术是决胜于市场的关键。

②智能制造。将生产制造与智能制造结合起来，作为企业发展壮大的必由之路。举例来讲，企业多聘请复合型、擅长数据挖掘和互联网技术的人才，实现自动化生产，能减少对人工的依赖，疫情期间也能避免由于劳动力短缺而带来的生产大幅波动。

③数字化。未来，数字化会在业务增长方面起到非常关键的决策作用，也会帮助企业高效应对市场需求的波动，是公司未来的发展方向和发展重点。

（二）后期回访

1.制造业各类数值均显积极态势

针对 2020 年暑期至今的发展，由于我国制造业逐渐呈现向好的态势，受访的各企业也发生了不同变化。

据国家统计局数据显示，2020 年，制造业盈利能力将率先恢复并稳步增长。受环境标准变化、基础设施建设、房地产市场提速等因素影响，装备制造业复苏。第二季度开始实现盈利。2020 年装备制造业利润比 2019 年增长了 10.8%，有效带动了制造业的发展。

原材料制造业也实现了正利润增长。2020 年原材料制造业比 2019 年利润增长

4.5%。尤其是下半年以来，原材料制造业的盈利能力连续第二个季度大幅提升，对全年利润的正增长发挥了重要作用。

在回访山东蚂蚁建材有限公司过程中，对方提到，制造业行业在2020年的发展分化现象还是很严重的。做低端产品的大多数公司都面临着定位不清晰的问题，处于流通行业的公司当年哪怕定位清晰，仍会面临销售额大幅度下降的问题。但这对做高端产品的公司不会产生太大的影响，甚至会出现逆势成长的现象。

以山东蚂蚁建材公司为例，公司一直坚持走中端产品出口路线。通过销售额与外贸GDP的比对发现，山东蚂蚁建材有限公司2020年的销售额始终与平均线贴近，并且呈现出产品质量改良、发展风险降低的发展趋势。由此可见，整个制造业行业呈现出一种向好的发展趋势。

2.企业对未来发展前景持有乐观态度

对于公司未来的发展前景，各企业负责人表示很有信心，尤其是对海外市场。因为中国互联网的发展与国外互联网的发展存在时间差、地理差，中国企业很多的成功模式在南美、东南亚可以直接复制利用，这对企业而言十分有利。除此以外，国家政府也落实了支持企业的政策，例如，减税、降低税费等，加大对实体经济的金融支持，有效帮助企业的发展。2021年四季度，我国GDP(现价)为324237.4亿元；增速(不变价)为4%，增速承压；累计值为1143669.7亿元；累计增速为8.1%，增速乐观。在此大环境下我国企业的发展，还是有良好前景的。

在回访上海某流体阀门制造公司时，针对从暑期至今的发展情况，公司负责人谈到，2020年疫情所带来的影响已经逐渐趋于稳定，公司2020年一直根据现实情况和市场环境不断进行调整，最终年销售数据没有下降，反而上涨了10%。对于行业的未来发展情况，企业负责人表示未来的发展前景还是非常好的，对于生产制造型的企业来讲，生存下去并不是非常难的事情，但企业应该明白自己需要着重发展的“硬核实力”。

五、现存问题分析

(一)新冠肺炎疫情对世界经济活动造成了巨大的冲击

新冠肺炎疫情对世界各国都造成了巨大影响，导致各国经济发展缓慢或者衰退，国际大环境形势严峻，经济改革发展稳定成了巨大考验。世界经济活动遭受重创，疫情期间，企业关门，员工隔离在家，外贸业务无法正常开展，生产活动也一度陷入停滞。对于所有企业来说，无疑都面临着巨大的挑战，中小型企业的日子更是难过。在此背景下，如何改善企业的处境，让企业在这次经济寒冬中活下去，是现在面临的主要问题。

（二）传统的客户开发方式成本高、效率低

传统的海外客户开发通过广交会、电话邮件、熟人介绍等形式进行，但新冠肺炎疫情的暴发限制了人员往来，国内的团队出不去，国外的客户进不来，使得海外市场的开拓一度陷入停滞；而电话、邮件等形式因其回复率不高导致沟通效率很低。在数字经济被大力提倡、全球疫情反复多变的复杂背景下，企业开拓海外市场的方式亟待改变。

（三）市场的动态分析及预测

新冠肺炎疫情暴发、局部国际关系紧张等多重背景导致当今国际金融市场动荡不安，其中的典型表现就是国际汇率波动频繁，这对一些外贸企业的业务开展造成了巨大冲击。对于生产大宗商品的企业来说，价格的剧烈变化会对企业经营带来巨大的影响。在此背景下，预测行情的变化成为非常重要的一个方面。但市场环境往往变幻莫测，企业该通过何种方式来敏锐捕捉到市场的变化，并以此为依据进行合理地预测呢？

（四）生产制造线创新

在企业创新转型的过程中，对于传统的制造行业，固有思维就是几台机器在工作，但这种效率是极低的，收获与投入并不完全成正比。随着企业在发展过程中面临的订单量逐渐增多，加工流程更加复杂，运营成本不断升高等问题，内部的流程梳理以及采供体系、生产制造体系、物流配送体系等方面的问题层出不穷。在此背景下，企业应考虑该如何在重要工序中引入数字化装备，强化线下和线上数据以及流程的整合，进一步提升效率、降低成本。

（五）新外贸需要新营销

环球慧思信息技术有限公司董事长认为当今的贸易市场已经发生了翻天覆地的变化，贸易结构、贸易方式、贸易市场同传统贸易相比有非常大的差别。而新外贸里很重要的一点是新营销。企业需要时常对营销理念、营销工具、营销手段进行发展与更新，营销人员也需要不断学习，掌握不同的、有效的营销技能。在进入海外陌生的市场时，为提高企业的曝光度，让企业的产品被更多的人知晓，新外贸需要新营销，而营销人员需要新的营销工具、营销思维。

六、结论与建议

(一)结论

新时代企业的发展离不开智能化、数字化。此次调研过程中,很多企业提到了“创新转型是行业发展的必然趋势,而新冠肺炎疫情的暴发加速了这一进程”。创新转型能够使企业在客户开发、市场的动态评估及预测、生产制造等方面更具效率。制造业不再是仅有几台机器在运转,而是通过生产过程中无时无刻产生的数据结合市场情况来指导生产,不断做出调整。

企业需要有足够的应对突发事件的能力。在调研过程中我们深深感受到了中国企业的乐观精神和顽强意志。受访企业均表示对未来充满信心,在做出调整后企业的业务量都在逐步恢复甚至有所增长。疫情的暴发更像是一个改变的契机,困难和挑战让一直前进的企业能够停下来好好思考,发现不足以后,积极地学习、改变,寻求突破。更前卫的理念、更先进的工具、更科学的结构,发生的种种变化让在疫情中努力活下来的中国企业焕然一新,“战斗力爆表”。

在企业寒冬期,国家政府提出积极的政策更有利于企业的发展。疫情期间国家为扶持企业而出台的一系列政策和适时指出“内循环”这一经济方向等举措挽救了大批危机中的中小企业。企业感受到了来自国家的温暖,在国家努力创造的营商环境下,将致力于为全球的消费者创造更好的产品、提供更好的服务。

(二)建议

1.借助外贸大数据提升企业客户开发的效率

随着数字经济的不断发展,外贸大数据等数字工具的出现能够很大程度上帮助中小型企业在疫情期间开发海外客户。产品在哪个地区的出口量最高?哪些客户购买量比较大?市场饱和度如何?哪个型号的产品客户消费量高?客户对于产品的需求是否发生变化?根据近期的购买记录,相关产品的购买者是否可以被开发成客户?

外贸大数据凭借自身全面、精准、丰富等特点,详细地展示了目标市场、目标客户的实际情况,通过大到整个市场的总出口量,小到某一类型产品每一个客户的具体购买量等数据,能够帮助企业快速了解目标市场的真实信息、市场内部的竞争情况以及快速锁定潜在的客户群体。

以郑州恒达造纸设备有限公司为例，历经半年的数字化转型之后，公司运用了环球慧思信息技术有限公司提供的外贸大数据。借由外贸大数据成功锁定了埃及、哈萨克斯坦、吉尔吉斯斯坦、乌兹别克斯坦等目标市场。对于年初出现的客户无法了解公司产品的情况，公司通过线上会议、在线视频等方式，将工厂生产出来的造纸设备以视频的形式展示给客户，让客户更放心，从而与本公司展开更深层次的业务洽谈。

行业内的大数据可以有效提升企业扩展客户群体的速度。海关数据显示，企业能够了解数据背后客户的真实需求，在产品推广、业务商谈时就能够更具针对性，从而加速整个贸易过程的推进。同传统的广交会、熟人介绍、派遣团队前往当地等形式相比，采用外贸大数据成功克服了效率低、转化率低、成本高等缺点。

2.运用外贸大数据进行市场的动态分析及预测

经过前面的介绍，我们发现外贸大数据在客户开发上能给企业带来很大的帮助，可它的作用不止这些。通过调研我们发现，很多企业更看重外贸大数据的第二个用处——用来进行市场的动态分析及预测。

对全球市场收集而来的外贸数据，企业可以进行多种处理。可以对进口的数据，出口的数据，不同的时间段、不同的地理区域的数据，进行横纵向的不同比较，通过对比交叉分析来把握行业的态势和受影响的状况，并以此为基础预测市场的大致走向，从而为企业运营发展等方面的决策提供帮助。

3.将创新转型覆盖至整个价值链中的每一个环节

企业的创新转型不应该仅仅局限在一个方面，除了运用外贸大数据在客户开发、市场预测上给企业带来提升，在未来的数字化建设中，建设大数据分析能力、建设自动化生产线、建设智能车间、实现远程运维服务、实现网络协同制造等都是企业数字化发展的方向。如研发设计、采购供应、生产制造、客户开发、市场营销、物流配送、财务金融、人力资源等环节，创新转型应该覆盖至上述整个价值链的每一个环节。

在本次调研中，江苏某工业用黏合剂制造公司在生产制造方面的数字化转型是一个典范。从第一个工厂到第二个工厂过渡的过程中，一线人员越来越少，取之代替的数字系统占比越来越高，比如生产的DCS系统、自动化系统、自动化包装系统等。从产品生产出来到每个箱子里、再到打包、最后到托盘，整个环节基本上不怎么用人工完成。现在企业内部采用ERP系统、DCS系统来连接所有部门，使得订单一旦进入系统便会触发整个公司的供应链——财务、生产、物流、质检等。

4.拓宽包容化的市场思维去接纳新兴数字平台

(1)社交媒体的应用

针对增强企业在海外市场知名度的问题,结合流量经济的时代背景,火爆的社交媒体和商业软件对企业来说无疑是一个不错的选择。在调研过程中我们发现大多数企业在海外火爆的社交媒体和商业软件上都有所涉及,且反馈良好,均给企业带来了更高的曝光度。

上海某流体阀门制造公司跟我们分享了一个有关国内市场的例子。疫情期间,公司面临着无法拜访客户的现实问题,于是在2020年初决定使用抖音进行宣传。在公司抖音运营的4个月中,公司接触到了8家潜在客户,并成功拿下了一个十几万的订单。在疫情比较严重的时期,国内很多企业还没办法正常运行,在此背景下,订单实属难能可贵。这次经历给公司在营销方面开启了新的大门,对于业务方面起到很好的促进作用。

(2)营销人员的要求

对于营销人员来说,在日新月异的营销环境下,应该做出思想上的一些转变。

首先,能够敏锐地捕捉到市场上新兴的营销工具、营销方式,并作出快速的反应;其次,对于这些新兴的事物,有一个包容的心态,能够接纳并积极地去理解、学习;最后,能将这些新兴的工具、理念灵活地运用到实际工作当中。

5.重视创新精神、工匠精神、品牌塑造,保持企业的长久竞争力

(1)创新精神

经济发展瞬息万变,市场也是。对于中国的企业来说,现阶段正处在数字化转型的时期,然而下一个时期的主题会是什么,现在我们谁也不知道。但可以确定的是,要想走在行业的前列,企业一定要勇于创新、敢于改变,对于新兴的理念、技术、工具,企业要包容接受、积极学习,创新性地探索发展新模式。

(2)工匠精神

不管是哪个行业,企业所提供的产品与服务都是核心。在众多选择中,消费者必然是选择好的产品与服务。面对偷工减料、价格欺诈等带来的不良诱惑时,企业只有保持工匠精神,耐心地耕耘,坚定地致力于为消费者带去好的产品和服务,才能走得长久。

(3)品牌塑造

企业要重视知识产权的保护,要专注于自己的品牌定位,在面对诱惑时要保持初

心，以成长性的思维运营发展，和市场一起成长，和消费者一起成长。通过升级产品与提升服务，建立企业品牌，赢得市场肯定与好评，扩展消费者。

第二节 失败案例研究

一、“福建××”创新转型失败之路

（一）公司简介

福建××股份有限公司（下文中简称为“福建××”）成立于2002年，2006年在深交所上市。“福建××”是一家大型制造企业，以纺织业务与新能源业务为主要经营项目。作为制造企业，“福建××”在国内外都设有分公司，并与许多知名服装公司有着业务往来与合作，在纺织市场占据较大份额。“福建××”成立以来，坚持诚信经营，获得了业内的肯定以及诸多荣誉。自2012年许××接任后，企业向“纺织业＋新能源行业”进行转型。

（二）创新转型动因

1.纺织业发展停滞

全国上下都在关注绿色环境，走可持续发展的新道路。在可持续发展背景下，“福建××”的原材料成本和人工成本不断上涨，这也增加了企业发展的经营成本。2012年，纺织行业发展非常缓慢甚至有所下降，“福建××”作为纺织企业，利润连续下降了20%～40%。欧洲的市场也有所缩减，企业在欧洲市场中的份额逐年下降。同时，我国纺织行业的廉价商品市场发展饱和，高端市场又被国际大公司主导，“福建××”并不能很好地打破这种局面。面对如此多的问题，“福建××”就计划减少对纺织行业的投入，投入部分资源到新的行业，并最终选择了新能源行业，以此进行企业转型。

2.新能源产业前景大好

针对鼓励和支持新能源项目的迫切需要，国家制定了包括“十一五能源发展规划”

在内的一系列锂电池产业扶持政策。日本的新能源发展规划和新能源汽车产业、新装备产业发展规划、十二五规划以及新能源产业锂电池和三元正极项目都在宣告重要发展机遇的到来。锂离子电池是新能源产业发展的核心。未来,电器、电动自行车、新能源汽车和大型储能系统的体量将逐步增加,为锂电池厂商乃至整个新能源产业提供更大的机遇。

3.树立威望

一般董事长或者"企二代"接任后,要做的第一件事就是建立口碑与威信。增加投资是大部分管理层接班人的首要选择。大部分"企二代"都希望自己的接任是被大家尤其是家人及企业管理层认可的,因此想要快速获得一些建设性成果。调查发现,很多"企二代"都对资金运作有很大的兴趣,以期快速取得资金收益。与家族企业创业者相比较,"企二代"想要从容地推动产业发展并不容易,因为发展实业相对来说都是缓慢的,形成基础竞力尚需时日,"企二代"却往往希望短期内有所成就。企业"初创者"更关注企业产业与业务的发展,但是出于对家族成员,尤其是接班人的培养,有的企业"初创者"会非常支持与扶持家族成员根据自己的喜好进行经营。"福建××"的继任者许××从接任开始,就一直在谋划向新能源产业进行转型。向新能源转型的发展方向也算是抓住了"风口",使众和股价持续上涨。随着业务的不断变化,"企二代"可以获得企业创业时期员工以及普通员工的信任,并逐渐树立威望。

4.满足投机欲望

许××接手"福建××"的管理工作后,企业在投融资运营上让业界内外大跌眼镜。由于许××的逐利行为和投机行为,使得曾经的"××第一股"××股份负债累累,地位急剧下跌。2015 年 12 月,"福建××"计划以发布股票的方式筹资 9 亿元。许××想借发展新能源的消息,激发投资者对下滑的××股份的兴趣。他通过增加企业矿产资源的评级提高股价,以及减少持股等方式来获取资金。这导致"福建××"接手的部分新能源企业持续负盈利,兼并收购可能只是为了在新能源上获利。因此,这一战略举措与许××自身因素有较大关系。

(三)创新的战略选择

2012 年"福建××"董事会开始进行战略转型,首先就是加入新能源行业项目。纺织业务将逐渐从传统纺织业向纺织业和新能源行业业务结构转变。"福建××"确立了“纺织产业＋新能源产业”的发展方向，以“新能源”为主线，努力实现以新能源产业为企业主要业务的产业结构。自此，由以“纺织产业”作为核心业务转变为“纺织产业＋新能源产业”的转型。企业将“新能源”作为主要发展产业，与领先的研发机构进行合作，通过并购的方式进行战略变革，以锂电池系列设备的基础技术构建利润战略优势，完成锂电池供应，力争成为具有完整产业链的全球领先的锂电池销售商。“福建××”收购与兼并了多家新能源公司，计划利用矿产资源，进一步扩大锂电池产能，打造一体化产业结构。

（四）创新转型的经济后果

“福建××”进行企业战略改革之后，从2014年至2018年并没有正利润，深圳证券交易所也在2018年对“福建××”的高级管理层进行了处分，并多次谴责“福建××”，最后2019年，深证证券交易所对“福建××”终止交易。“福建××”2014年的主营业务收入为126018万元，而到了2018年的主营业务收入就只有20141万元，五年间的主营业务收入下降幅度令人震惊。“福建××”在进行创新转型的时候，将企业资源进行转移，旧业务资源被大量转移到新能源行业，但是，新能源行业没有给“福建××”带来相应的利润，旧业务发展资源不足，导致企业没有实现盈利，连续亏损。除此之外，国内新能源补贴政策不断调整，造成锂盐和锂电池材料价格大幅下跌。源自以上原因，“福建××”的亏损越来越严重，2014年的亏损为1538万元，2017和2018年的亏损高达79395万元和48161万元。

二、“福建××”创新转型失败原因分析

（一）家族化治理结构不合理

“福建××”是一家非常典型的具有家族管理特征的家族企业，企业大的股东以及管理权较大的管理人员都是家族成员。当家族企业不合理的、不利于企业发展的决策发生并运行时，其他股东很少提及，因为企业管理制度并不透明，许家家族成员有权决定“福建××”的决策、执行和监督等，其他小股东没有得到重视，难以产生约束力。许××的职位很高，身为董事长和总经理，决定不受约束。没有权责分离，中小企业就无法有效地监督公司的大股东和管理层。由于这种不合理的组织结构，许多上市公司负责人主导实际经营，将上市公司的资产转移给既得利益者，最终使企业成为高负债的公司。因此，不合理的治理结构可能在这些战略转变的某些阶段带来更大的风险。

（二）家族化内部控制无效

作为企业的董事长兼总经理，许××并不受企业的内部控制，也就是说企业的内部审计以及监督委员会没有有效履行监督职能。企业内部审计部门和监督委员会不健全的股权分配以及不合理的管理结构导致“福建××”的管理层不受企业内部控制，企业运营效率低下。这种情况使得企业的内部控制一直没有发挥该有的效力，因为监督者监督的效率低下，管理层凌驾于内部控制之上。除此以外，许××骗取××锂业公司股份时，并未召开股东大会，直接将业务委托给表弟家族成员陈××，最终使得“福建××”资金流出。“福建××”的内部控制实质上是无效的，这也不利于企业战略转型。

（三）家族化人事管理落后

首先，家族企业在公司重要的岗位上一般会安排自己家族的亲人或者是与自己关系亲密的人，更多的是讲感情而不是能力。家庭成员可以有效减少管理的成本以及职业代理人等家庭外成员带来的代理风险，但是也会导致重要岗位的人才选择范围较小，这种做法持续下去会影响企业的员工质量，扰乱企业管理，对员工的创造力与积极性也有所影响，进而作用于企业的长期发展。“福建××”的家族成员全部担任企业的重要岗位。在人事方面，管理不善也增加了战略变革的难度与风险。

其次，企业初创期的家族成员在企业担任重要岗位多年，再加上与企业真正的领导层关系匪浅，在真正的管理者中处于特殊而重要的位置。但是，企业在市场竞争中的竞争对手对企业管理者以及其他成员的技能与资质要求不断提高，家族成员没有提升自己的知识和技能就无法适应企业与市场新的发展。再加上“福建××”董事任期届满后，独立性和能力不足的董事继续在岗，没有更换。举例来说，“福建××”财务造假案的主要人物是财务总监黄××，大专学历的她是“福建××”的家族成员。事实证明，初创期企业成员能不能持续胜任是对企业战略转型的挑战。

（四）家族化治理难以吸引人才

随着市场的变化与企业的发展，优秀人才对企业的作用越来越大，在家庭内部人才选择的范围以及创造人才的机会较小，家族成员也很难将资源转移给公司员工。董事长兼总经理的许××是本科学历，“福建××”的发展与战略转型任务对他来说是否过重并不能确定。由于对家族成员的特殊对待以及不重视企业其他员工的晋升与管理,“福建××”完全没办法留住有知识、有技能、有素质的优秀人才。2015年到2018年,“福建××”的研究生员工人数减半,2017年只有本科及以下员工,“福建××”并没有发现权责分离与人才的重要性。在当今快节奏的市场中,人才缺乏、管理结构不完善是非常不利于企业发展的,企业在战略变革决策时也很难做出正确的选择,核心竞争力难以构建,企业终将在战略转型中失败。

(五)家族化治理融资难

战略变革是充满不确定性的过程,经济资源无法适应战略变革的就会影响战略变革的结果。由此可见,企业在战略变革阶段的融资能力是必不可少的转型条件。在融资能力上,“福建××”表现不足,从以下两个方面可以看出。首先,作为家族企业,权责分离不足是非常明显的,这对投资者的意愿与投资风险是有较大影响的,同时家族企业的信息披露准确性不足也产生了一定程度的影响;此外,许家家族成员个人信用较差。

(六)代际传承不重视研发

“福建××”的董事长兼总经理许××实际上在2006年初就开始担任该职务,他在正式接任与进行公司管理时是30岁,相比较其他家族企业的董事长备选人,许××更年轻,缺乏技能、经验以及一定的资历。许××在投资方面选择了较多低风险、周期短的项目,对研发中的长期风险投资关注较少。除此之外,许××选择了放弃对研发的投入,以期通过短期行动弥补外部股东的投资偏好,获得集团的认可和接受。在2014—2018年这四年间,“福建××”研发人员数量持续减少,研发人员占比持续下降,研发投入金额由2014年的3044.39万元降到了2018年的1449.47万元。缺乏可靠的研发能力以及研发资金投入,企业就无法拥有创造力和竞争优势,战略变革在竞争日益激烈的环境中终将会失败。

三、“福建××”创新转型失败之警示

(一)调整治理结构

企业需要调整结构,股权分配更要均衡,减少与避免传统家族企业管理体制的弊端,在具体的管理制度上,应使权利与职责相互分离,避免单方面权力过大。同时,要完善董事会和监事会的约束与监督制度,明确监事会的监督职权。“福建××”的董事

长兼总经理独立性就不足。所以董事长和总经理最好由不同的人担任，以使董事会能够有效地履行监督职责。股权分权结构的建立形成了有效的制衡机制，使企业治理的内部控制体系能够发挥实际的效力。只有完善治理结构，才能建立科学的、可发展的企业管理模式，这是企业战略变革的前提条件。

（二）完善内部控制制度

完善内部控制体系，加强内部审计控制是重中之重。内部审计机构应受董事会或最高管理层领导，确保内部审计职能的充分独立。作为领导风险管理的审计师，内部审计师作为内部审计部门，能够比外部审计师更了解公司，更全面、更准确地识别和评估企业风险。因此，内部审计必须将风险会计方法与风险管理相结合，以预防、发现和向管理层报告风险。内部审计部门要适应内部审计环境的变化，建立大数据审计行为框架，建立审计绩效程序，通过运筹学进行全面、强化的风险管理。同时，使用合适的审计分析工具，快速识别审计部署的业务风险，识别业务、内控等机制的不足，建立完善的审计监控体系，有效地增强内部控制，有助于企业坚持战略变革并降低战略变革的风险。

（三）对内建立合理的人才职级晋升制度

对于家族企业来说，人才匮乏严重影响了企业战略转型。没有有效的指导，战略转型是难以实现的。发现人才、留住人才离不开完善合理的晋升机制。要构建合理的晋升系统离不开以下几个方面。首先，能力和品格是人才的前提。公司不可以仅仅根据工作能力提拔员工，如果提拔了德不配才的员工，一个合格但不道德的员工可能会给公司产生负面影响。其次，对员工的提拔必须公平。企业的晋升制度应该让员工更容易感受到自身的价值，公平地面对员工，有利于提高员工的工作积极性。再次，“阶段式晋升”要与“临时晋升”同时进行。大部分员工采用“循序渐进”的方法更方便。对于特别优秀的、稀缺的人才，“破格晋升”对他们来说更合适，因为一旦没有留住人才，后面也不好挽回了，但是应只有少数人才有资格获得特别晋升。又次，人才晋升的标准包括员工工作绩效以及沟通能力等其他方面的能力。提拔员工时，不仅要评估他们的表现，还要评估他们的晋升能力，这样他们就不会在晋升后不作为或者不及格。最后，被提拔者必须经过试用期。试用期作为评估和保留期有利于企业做出正确的晋升决定。

（四）从外部引进职业经理人

我国的职业经理人发展并不理想，尤其是对于家族企业来说，对引入职业经理人是很敏感的。家族企业要想展现高水平的能力，就需要完善职业经理人的管理体系。为了完善职业经理人的管理体系，离不开以下几点：一是根据职业经理人的营销水平，建立规范的能力及人才评价体系；二是建立职业经理人绩效评价制度，建立长短期指标互补的评价制度；三是完善职业经理人激励制度，发展中长期的动机机制；四是建立有效的、完善的职业经理人培训制度；五是建立职业经理人的管理与制约制度，提高职业经理人的工作效率，减少后面可能会出现的失误。

（五）提高融资能力

管理和财务适应战略的变化增加了企业战略性计划成功的机会。因此，家族企业应着力提升资本营运能力、投融资能力和财务管理能力。企业的盈利能力对其筹集资金的能力产生重大影响。以现金换取利润的公司，抵押担保高，对贷方的风险低，使贷款变得更糟。同时，盈利企业普遍具有良好的社会声誉和良好的社会形象，从而增加了投资渠道，提高了投资能力。企业还需要与不同的金融机构和政府建立良好的关系，这是在企业贷款和利息方面进行良好沟通的基础。良好的关系为企业提供经济利益，政府与金融机构也会对企业进行预告与优惠。

（六）加大研发投入

顺应战略变革的发展方向，加大对企业专业员工的培训力度，定期组织开展新经验调研，不断评估前瞻性知识和实践性知识。同时，企业需要与高校签订人力资源合作协议，利用高校资源培养必要的人才，这一定程度上也解决了高校毕业生的工作问题。除了研发人才，加大研发力度也离不开领先的研发设备。企业需要在研发人员使用的基础上提供更先进的研发设备，并结合当前形势和战略发展需要，建立与设备采购和研发成功相关的制度。使用这个系统，让研发人员在收到积极的研究成果后，可以使用更好的研发工具，这是一个相互促进、相互提升的循环过程。企业需要建立以研发为核心的研发激励制度，以使研发人员不会面对或者减少面对财务或者经济困难。为应对战略变革的需求，研发投入的潜在增加促进了持续创新，将使企业获得对商品的竞争优势，降低战略变革的风险，增加战略变革的成功率。

参考文献

[1]张莉. 政府扶持对中小企业技术创新的影响研究[M]. 哈尔滨:哈尔滨工程大学出版社,2019.

[2]陈芹. 突破桎梏:中小企业自主创新的理论、策略与实践[M]. 成都:西南财经大学出版社,2021.

[3]张曙. 德国中小企业的产品创新[J]. 机械设计与制造工程. 2014,6-9.

[4]吴波虹. 政府补贴对中小企业研发投入的影响研究[J]. 中国商论,2018(3).

[5]陈小军. 论科技管理和技术创新在中小企业的应用[J]. 科技创新导报,2018,15(9):185-186.

[6]李静. 基于研究联合体的我国中小企业自主创新能力提升对策研究[D]. 济南:济南大学,2017.

[7]裴旭东,黄聿舟,李随成. 资源识取行为对技术差异化能力的影响[J]. 科学学研究,2018(5):9.

[8]武梦超,李随成. 知识积累与产品创新性:知识整合机制与动态知识能力的作用[J]. 科学学与科学技术管理,2019(6):17.